私たちは〝通勤〟を辞めました

新時代のキャリアの築き方と20人のリアルな経験談

小森優

KADOKAWA

はじめに

あなたがもし本当に理想とするライフスタイルを実現したいなら、「通勤をして働く」という概念を一度捨ててください。

これは単なる働き方改革ではありません。

場所や時間の自由を手に入れるだけでなく、あなた自身の人生を取り戻し、理想のライフスタイルを再構築していく方法です。

私は以前、保育士として勤務していました。とてもやりがいがあって仕事は好きでしたが、毎日通勤し、シフトによって早朝に出勤したり、夜遅くになったりする不規則な勤務に大変さを感じることもありました。そんなとき、SNSのキラキラとした暮らしを送る人の投稿を見て**「いつかこのような生活を送ることができたらいいな」と思いながらも、すぐに現実に戻る……そんな日々を繰り返していました。**

しかしあるとき、父が入院することになり、実家へ仕送りをする必要に迫られ、それまでの仕事や収入を見直さなくてはいけなくなりました。そんなとき、在宅ワークという働き方に出会ったのです。

改めてご挨拶申し上げます。株式会社リモラボの取締役、そして女性のための実践型Ｗｅｂオンラインスクール『リモラボ』の代表を務めている小森優と申します。普段フォロワーさんや周囲の人からは「こもりん」と呼んでいただくことが多いです。

主に女性を対象に、キャリアデザイン、リスキリングのサポートをしています。スクールだけでなく、多くの著名な経営者やインフルエンサー、中小企業から大手企業までのクライアントに対してビジネスのオンライン化やマーケティングをサポートする事業を展開しています。

この本では『リモラボ』が積み上げてきた実績や経験をもとに、あなたの人生を大きく変える働き方についてお話しします。

本書を手に取ってくださった方は、現在のキャリアに「この先ずっと今の働き方を続けていく自信がない」「産休育休後の復帰が不安」「フリーランスとして働きたいけどなにからはじめたらいいかわからない」など、何らかの課題を感じているのではないかと思います。

この本はそのような女性が働き方の常識を変え、幸せな人生を歩んでいただくために書きました。

本書を読みはじめる前に2つだけお約束をしてください。

1つ目は「今は～だからできない」「過去に～だったから無理」「私にはできそうにない」といったネガティブな思い込みを捨てていただきたい、ということです。特に女性が働く上で直面する課題や壁は確かに多いです。でも、それは必ず乗り越えられます。私自身が異業種からパソコン1台で自由な働き方を実現することができただけでなくその後サポートした5000名以上の女性たちも、未経験やスキルゼロの状態から理想のライフスタイルを手に入れてきたので、必要な行動をすれば必ず実現できると断言できます。

2つ目は、本書のノウハウを読んで理解するだけではなく、日々のスケジュールに組み込み、行動に落とし込んでいただきたい、ということです。今はネット上などでたくさんの情報を得ることができます。しかし、知識を得ただけでうまくいくのであれば、世の中の方全員がすでに成功しているはずです。理想の体型を目指すとき、トレーニング動画を見るだけでは体型が変わらないのと同じです。理想の働き方を目指すためには、これからお話しする内容について一緒に考え、手を動かして学び、行動していただきたいのです。

すでにここまで読み進めてくださっているあなただからこそ、本を読んでモチベーションを上げただけで終わってほしくありません。

私と私のチームはリモートワークの研究をコロナ禍前から5年以上続けてきました。私1人がうまくいったという個人の成功事例でなく、5000名以上のデータを分析し、理想の働き方を手に入れるために必要な過程を体系化し、特に躓きやすいポイントをサポートするプログラムを築き上げました。さらに、各分野の専門家から意見を集めたり、教育学、心理学の論文を読み漁ったりして、理想の働き方の実現に向け、知見をアップデートしました。

かなりの時間と労力を費やした結果、ようやく現代の女性に起こるキャリアの課題の分析が完了し、具体的な解決策を提案できるようになりました。

最近ではありがたいことに、東京都主催の「女性しごと応援ナビ」の講師として登壇する機会をいただいたり、「NIKKEIリスキリング」で社会人の学び直しに関する取材記事を掲載いただいたりしています。また、星野リゾートと連携してフリーランスのための北海道ワーケーション体験を企画するなどの新たな取り組みも行っています。

今回、KADOKAWAさんからお声がけいただき、本書の出版が決定したこともうれしいことです。**本書は多くの女性が人生の選択肢を広げていくために、熱意を込めてお届けしています。**

この本は次のような構成で展開しています。

序章　なぜ〝通勤〟よりも〝在宅〟が幸せになれるのか
第1章　自分に合った在宅ワークを手に入れる方法
第2章　仕事が舞い込み収入も時間も自由になる方法
第3章　理想の働き方を実現した20人のリアルな経験談

各章の終わりには、実際の行動に落とし込みやすいように、具体的なタスクをチェックリスト形式でまとめています。過去の私のように将来に不安を抱えている方や、新たな働き方に挑戦をして悔しい思いをしてきた方、またすでにフリーランスや在宅ワークの道を切り拓いていて、さらにその先に進みたいという方にとってもきっと役に立つはずです。

ライフスタイルの変化に合わせて働き方を見直す度に読み返していただくパートナーのような存在として、この本をずっとお手元に置いていただければ幸いです。

あなたが一番幸せだと思える働き方を手に入れる一歩を、ぜひここから一緒に踏み出していきましょう。

株式会社リモラボ取締役・実践型Ｗｅｂオンラインスクール『リモラボ』代表　小森優

目次

はじめに

序章

なぜ〝通勤〟より〝在宅〟が幸せになれるのか 15

結婚、育児、介護、女性に訪れる壁 16

在宅ワークで解決！　手に入る5つの自由 19

場所が選べる自由／時間が選べる自由／収入をコントロールできる自由／人間関係を選ぶ自由／キャリアの自由

ＩＴ技術の発展で在宅ワークが有利な状況 24

パンデミックの影響／フリーランスに関する法律の整備／リスキリングの概念の浸透／多様性や女性の社会進出への理解／企業のコストカット／地方創生と人材流動の促進／パフォーマンス評価

多くの女性が知らない在宅ワークの落とし穴 29

キャリアサポート業界の闇／キラキラ女性起業家の実態／自己管理の難しさ／孤独との戦い／設備投資、ＩＴスキルの必要性／運動不足による健康問題

この手順で在宅スタート　幸せを掴む最短ルート　チェックリスト　37

第1章

自分に合った在宅ワークを手に入れる方法

43

キャリア迷子にならない土台作りが最初の一歩　44

まずは自分を知ること　理想と現実を見つめる　47

理想の働き方を叶えるための思考法／私が保育士を辞めた理由／〝老後の楽しみ〟は、本当に老後でいいのか／職歴だけがキャリアではない／目的地がわからなければ辿りつけない／目標には必ず期限を設ける／期日を決める2つのポイント

やるべきことを明確にして自分に指示を出していく 67
今日からあなたは「じぶん会社」の社長です

どこで学びの時間を得るか　スケジュールを見直そう 72
時間を作るための手順／目標学習時間は週単位で考える／時間管理の実施と見直し

学びはスクールが最短　自分に合う仕事を選ぼう 78
準備するアイテム／スクールの正しい選び方／今、需要の高い在宅ワークの種類／好条件ワーク①バックオフィス業務（オンライン秘書）／好条件ワーク②マーケティング業務（マーケター）／好条件ワーク③クリエイティブ業務（クリエイター）／「ハード」と「ソフト」、２種類のスキルを同時に磨く

チェックリスト

第2章

仕事が舞い込み収入も時間も自由になる方法 89

どのようにして一番最初の仕事を獲得すれば良いのか 90

初心者にオススメ　3つの仕事獲得の方法 92
①クラウドソーシングサービスで獲得する／②SNSで獲得する／③知り合いから獲得する

仕事獲得のためのSNSのはじめ方 97
SNSの選び方と良いアカウントの例

仕事をするときのスムーズな流れ 100
営業ではなく企業の課題に対する解決策の提供／初回オンラインミーティングの準備／初回オンラインミーティングの流れ／やれること、やれないことを示す「期待値調整」を行う／契約書類に必要な項目

一度きりにならない仕事をするために 110
クライアントとのやりとり／フィードバックは自分からもらいにいく

収入を増やすならスピードと質を見直そう 113
仕事のスピードを上げる／仕事の質を上げる

さらにキャリアアップするなら学び続けよう 116
自己投資／キャリアに対する考え方／ロールモデルとの交流

目指す月収はどこ？ 月5万～100万円の道 120
月収5万円／月収10万円／月収30万円／月収50万円／月収100万円

チェックリスト

第3章 理想の働き方を実現した20人のリアルな経験談

127

正しいロールモデルの作り方 128

01 ブランクのある元専業主婦がマーケターへ転身
インスタ運用代行 さおりさん

02 憂鬱な会社員生活 思い切って退職し見つけた天職
インスタ運用代行 プロジェクトマネージャー めぐさん

03 1年で月収7桁 ニートから一転大活躍デザイナー
デザイナー ほのかさん

04 シンママから独立 複数事業をこなす敏腕経営者へ
オンライン秘書 田爪ゆきさん

05 40代からの挑戦 4人の子の母が描く夢を叶えた物語
イラストレーター momoさん

06 海外駐在妻からフリーランスへ。キャリアは作れる
インスタ運用代行 ななさん

07 適応障害の過去 リモートワークで夫の収入超え！
カスタマーサクセス ゆきさん

08 子の発達キッカケ 在宅ワークをはじめ 新キャリアを構築
SNSデザイナー・オンライン秘書・SNS運用サポート kikiさん

09 大手企業を退職 自分らしい仕事で目標は法人化
インスタ運用代行 みさこさん

10 高卒資格なし 崖っぷちからの大逆転を叶える
カスタマーサポート・動画編集 まりんさん

11 育児と仕事で疲弊 ワンオペママが在宅月60万達成
インスタ運用代行ディレクター・オンライン秘書 もりかさん

12 地方暮らしでも可能性は無限大 好きを仕事に！
オンライン秘書 あつこさん

13 転勤妻でもキャリアを築けた3児のママの挑戦
インスタ運用代行　しまさん

14 激務から脱却！　育児ストレス減り収入2倍を達成
オンライン秘書　みささん

15 将来の不安を解消　SNS運用代行で出産を経ても活躍
SNS運用代行・コンサルタント　maiさん

16 家族の介護のため本業＋副業で働き方改革！
インスタ運用代行・カスタマーサポート　きむさん

17 人生の転機　自身の闘病を期に柔軟な働き方へ
広告営業・SNSコンサルタント　ふみやあさん

18 長時間労働からマレーシア移住で夢の海外生活実現
オンライン秘書・Notionコンサル・講師　れいなさん

19 販売員から収入は4倍に！　韓国と2拠点生活
オンライン秘書　あちさん

20 育休復帰叶わず在宅ワークに挑戦　家族の時間実現
Webデザイナー　しおりさん

おわりに

序章

なぜ〝通勤〟より〝在宅〟が幸せになれるのか

結婚、育児、介護、女性に訪れる壁

私は大人になってから「女性のキャリア形成にはいくつもの壁がある」ということを知りました。仕事に就いて初めて、**異動、結婚、出産、育児、介護、病気などでライフスタイルが変化し、その度に働き方を考え直さなくてはいけない女性が多いことに気がついたのです。**

キャリアの継続が困難になることを〝キャリアの壁〟と呼びますが、このことを学校で習うことはあまりありません。皆さんも社会人になってから気づいたのではないでしょうか。１つの仕事を継続できない状況になって初めて気づく人が多く、その時期や理由は人によってさまざまです。

実際、私がサポートをしてきた女性たちからもこの概念について、「就活の前に知りたかった」「子どもを産む前に知りたかった」という声がよく上がっています。

私の使命はそのキャリアの壁を乗り越えるサポートをし、女性の働き方をシームレスにすることだと考えています。

さまざまなことで壁を感じている女性に、私はフリーランスでの在宅ワークをおすすめしています。

在宅ワークとは、オフィスに通勤することなく自宅や好きな場所で仕事をする働き方です。以前からこのような働き方をしている方はいますが、コロナ禍を経て一気に注目されるようになりました。

これはＩＴ技術の発展により、多くの業務がインターネットを介しオンライン上で進めることが可能になったからです。通勤しない仕事といえば以前は、簡単な軽作業（梱包やシール貼り）を自宅で行うイメージがありましたが、それはここ数年で大きく変わりました。

今ではマーケティングやバックオフィス業務など多岐にわたる領域でオンラインで

の業務が展開されています。

また、在宅ワークは資格職、接客業、サービス業、医療職など、前職の業種を問わず挑戦しやすいのも特徴です。私自身もＩＴスキルがそれほど必要ではない保育士から転身しています。

お恥ずかしながら、最初はパソコンのタイピングも指一本で行っていて、作業も通常の人が終わらせる時間の４倍以上はかかっていました。しかし、毎日使っているうちに、スマホと同じようにスムーズに使えるようになりました。

一方、**全く別の職種のように思えても、前職の経験やスキルが活かせていると感じることも多々あります。たとえばイベントの企画やプランニング、顧客対応などはオンライン上とはいえ保育士の経験が役立っています。**

実はキャリアチェンジはスキルのリセットではなく、掛け算なのです。

在宅ワークで解決！手に入る5つの自由

在宅ワークが実現できればキャリアの壁を解消することができ、女性の幸福度も格段に上げることができると断言できます。その5つの理由は次の通りです。

1 場所が選べる自由

在宅ワークではパソコンとWi-Fiさえあれば仕事ができます。場所は自宅だけでなくカフェや旅行先でもOKです。仕事の場所を選べるので、これまで就職・再就職が難しかった地方在住の人、転勤族、子育て中の人、介護中の人などさまざまな事情を抱える女性がキャリアを持続させることが可能になりました。**通勤時間がなくなった分の時間を家族と過ごしたり、趣味を楽しんだり、ペットの世話などに充てることができるため生活の質も向上します。**

住みたい場所に住むことも可能です。都会暮らし、田舎暮らし、島暮らし、2拠点生活、海外生活などを実現している人たちがいます。

2 時間が選べる自由

在宅ワークは勤務時間や休暇を自由に管理できます。時間が選べるので体調や家庭のスケジュールに合わせて仕事の時間を調整することができます。たとえば、生理痛などで体調が思わしくない日には仕事のスケジュールをずらして休むことができます。学校行事への参加もしやすく、子どもが体調不良で呼び出されるなどのイレギュラーな状況にも柔軟に対応することができます。

また、最も生産性が上がる時間帯に仕事を集中させることができるので、仕事効率が上がり速やかに業務を遂行することができるようになります。

私の周りでも**朝早く起きて仕事をする朝型の人や、夜遅くの方が作業に集中しやすい夜型の人、自分の体調に合わせてその時々によって変わる非定型の人がいます。自分に適した時間帯を活用できるのでメンタルも安定。いつも機嫌良く働くことができるのもうれしい点。**

ピーク時期を外して旅行に行ったり、混まない時間帯に人気のお店を予約したり、自治体の窓口に行けたりするのも、この働き方のメリットです。

3 収入をコントロールできる自由

収入を自由にコントロールし、望むだけ増やしたり減らしたりすることができます。「今は扶養内で働きたいから」とあえて収入を抑えることもできれば、収入を増やして一家の大黒柱になることも可能です。

会社に勤務していればお給料はたいてい決まっていますが、フリーランスでは、仕事をすればするほど収入が増えます。受注の方法もさまざまで、**たとえば月収30万円を目指す場合、単価10万円の仕事を3件受注するのも、単価5万円の仕事を6件受注するのも自由に選べます。**

「友人の結婚式に招待されていてなにかと出費が嵩みそう。今のうちにあと2件案件を増やして収入を増やしておこう」ということも臨機応変にできます。

実際に私の周囲でも、働き方を変えてから「スーパーで良い食材を選べるようになった」「推し活に惜しみなくお金を使えるようになった」「ワンランク上の部屋に引っ越しできた」などの生活の変化をよく聞きます。

4 人間関係を選ぶ自由

職場やプライベートでの人間関係を自由に築けます。毎日誰かの愚痴ばかりを聞くような職場や、働く意欲が感じられない同僚ばかりの職場だと精神的に不健康になってしまいますよね。**在宅ワークだと仕事が選べるので、自分にとって悪影響な環境を避け、好ましい人とポジティブな関係性を築くことができます。**

職場に限らず家族内の人間関係も選択可能です。たとえば、夫と離婚したくても子どもがいるし経済的に難しいという女性もいます。しかし在宅ワークで経済的に自立することで、お子さんがいてもポジティブな形で離婚を選択できた女性もいます。

5 キャリアの自由

キャリアパスを自由に選び、業務範囲を自分で決めることができます。仕事に関する責任をそこまで持ちたくない時期は、負担の少ない作業的な仕事を選べます。逆にキャリアアップ志向があるときはマネジメントのような高度な仕事を選ぶなどの調整が可能です。

たとえば、**お子さんが小さい時期には負担の少ない業務ならできるということで、タイトな期限がなく、連絡量の少ない制作業務を選ぶこともできます。**また、お子さんが大きくなり、手がかからなくなってきた時期には、より責任のある立場で単価を上げて働きたいということで、リーダー職に就く方もいらっしゃいます。

働き方の柔軟性が上がることで、ライフスタイルが変化したとしても、長くシームレスにキャリアを築くことができます。

もしあなたがこの5つの自由を手に入れたら人生の選択肢がグッと広がると思いませんか？　これまではできるはずない、と思っていたことでもこの5つの自由があれば実現可能になるのではないでしょうか。

私の場合は自由な働き方を手に入れることで親孝行でき、いつか叶えたいと思っていた旅暮らしも実現できました。

これからお話しする通勤しない働き方を選ぶことで今理想だと考えている多くのことは実現可能です。**在宅ワークはもはや転職やパートよりも柔軟で自由度が高い手段と言えます。**

IT技術の発展で在宅ワークが有利な状況

今の社会状況を観察すると、在宅ワークには追い風が吹いていると言えるでしょう。この働き方に関心のある人の背中をさらに押してくれるような、7つの理由を紹介します。

1 パンデミックの影響

1つ目はパンデミック以降、**業務のオンライン化が加速し、リモートワークが一気に普及した**ことです。

近年は、コロナ禍のさなかは在宅勤務が多かった企業も、パンデミックの収束とともに通勤スタイルに戻しているケースが少なくありません。企業にとっては連携のしやすさや統制のとりやすさなど、出社にはメリットもあります。しかし働き方を見直したい女性は在宅ワークを望んでいる方が多く、コロナ禍をきっかけにフリーランスとして働くスタイルに転換する女性が増えました。

なんといっても、パンデミックの時代に発達したオンライン会議ツールやチャットツールなどがフリーランスに挑戦するハードルを大きく下げたと言えるでしょう。

2 フリーランスに関する法律の整備

2つ目は、**2024年11月1日に施行されたフリーランス・事業者間取引適正化等法により法整備が進んできた**ことです。

年々、フリーランス人口が増えているため、国もより安全・安心な取引ができるように動き出しています。過去にフリーランスの仕事でトラブルを経験した人や、フリーランスのお仕事獲得に不安を感じている人にとっても今後は安心な、より良い環境が整備されつつあります。

3 リスキリングの概念の浸透

3つ目は**社会人の学び直し、リスキリング（Reskilling）の概念が広まってきた**ことです。今では国や地方自治体もリスキリングに関する情報を積極的に発信していて、誰もが簡単に情報を得られるようになりました。

私も東京都主催のイベントでこれまで自分が体験してきたＳＮＳ運用代行について講師としてお話しさせていただく機会があり、リスキリングが一般化していることをうれしく感じました。また、YouTubeやＳＮＳを通じてもある程度は無料で情報を得ることができるようになっています。

4 多様性や女性の社会進出への理解

４つ目は**時代とともに多様性や女性の社会進出に関する理解が深まっている**ことです。まだ課題は残されていますが、女性の役割といえば家事や育児という風潮があった昭和の時代に比べるとかなり変化していると言えます。仕事の環境を個別化・最適化しようと、コロナ禍以降もリモートワークを推進している企業もあります。

5 企業のコストカット

５つ目は**在宅ワークには企業側にコスト削減のメリットがある**ことです。オフィスを持たないことで固定費や光熱費を抑えられ、エコにも繋がります。また、労働者の居住地を選ばない採用活動ができるため、人材不足と言われる時代に特定の地域から高い広告費をかけて採用活動をしなくてもよくなり、全国から優秀な人材を採用できるようになったという利点も企業にはあるのです。

6 地方創生と人材流動の促進

6つ目は、**在宅ワークの拡大が、地方に住む人々にも大都市圏の仕事の機会を提供しているる**ことです。これにより、地方の活性化と人口の分散が促進され、地方経済に新たな動きをもたらしています。また、地方や海外からでも仕事ができることで、転勤族や海外赴任の家族のキャリアの選択肢も大きく広がります。

7 パフォーマンス評価

7つ目は**学歴や職歴、年齢などの従来の指標よりも、実際の仕事の質や成果が評価の中心となる考えが広がっていることです。**特に在宅ワークは、物理的な出勤時の様子ではなく、成果に基づいて評価されることが多いです。そのため1人ひとりがどのように時間を管理し、どのように成果を出しているかが重視されます。

IT技術が日々進化を遂げる中で、WebやSNS、生成AIを活用できる人材はどんどん求められていきます。当然、これらのスキルを活用して企業に価値を提供できる人材が活躍し、生き残っていくという事実から逃れることはもはやできません。

私たちはちょうどアナログからデジタルへの転換期に生きているため、戸惑う方もいらっしゃるかもしれません。また年齢によってＩＴスキルの習得が難しいと感じている方もいらっしゃると思います。しかし、ここ20年ほどで携帯電話が普及し、スマートフォンが普及し、インターネットが発達し、生成ＡＩも一般化されました。**今後は今まで以上のスピード感で発展し、いずれＩＴ技術の習得が当たり前の時代になるのであれば、早いうちから身につけておくに越したことはないですよね。そう考えると遅いということはなく、習得するなら誰しも今が一番若くて吸収しやすいのです。**

在宅ワークはさまざまな側面から見ても合理的とされつつあるのです。最初は自分のライフスタイルの変化をきっかけに考えはじめたリモートワークだとしても、企業や社会全体に貢献していると思うと、やりがいが生まれてくると思います。こうした背景を知ることによって、よりこのワークスタイルを選ぶマインドが高まったのではないでしょうか。

多くの女性が知らない在宅ワークの落とし穴

ここまで在宅ワークの良い点をお話ししてきました。ここでは逆に、よくある落とし穴についてお話しします。これから在宅ワークをはじめようとしている方が途中で挫折することがないようにリアルな失敗談をもとにお伝えします。

キャリアサポート業界の闇

近年リスキリングという言葉が流行り、Ｗｅｂスキルがトレンドになったために、**スキルのみを切り売りするスクールや、スキル学び放題を謳って実践が伴っていないスクールが多く存在する**のは残念な現象です。情報は得られても手段にとらわれてしまって、本来の目的である、より幸せな人生を手に入れるという視点からのアプローチが足りないプログラムが見受けられます。**本当にその手段で受講者が幸せになれるのかを確認するプロセスがないプログラムは、受講者に遠まわりをさせてしまいます。**

一方、スキルよりもマインドを教えるスクールも存在します。**理想の働き方はスキルとマインドのどちらか一方だけで実現できるわけではありません。初心者からベテランの方まで、各フェーズに合わせた両方のアプローチが必要なのです。**

そのため、私のもとには「スクールに通ったけど理想の働き方ができていない」「スキルは学べたけど仕事の獲得方法までは教えてもらえなかった」といった相談があとを絶ちません。

講師の経験や実績もさまざまで、中にはコーチングだけを実施して現場での仕事をしていないためか、情報が古いプログラムも見受けられます。女性1人ひとりの人生を考えず、目先の利益だけを追求したビジネスが存在することに私は悔しさや憤りを感じています。

転職サービスやキャリアカウンセリング業界も同様です。すべての会社がそうとは言いませんが、「相談に行ったら条件に全く合わない会社を勧められた」「こちらの事情を聞くこともなくすぐに転職を勧められた」などと涙ぐみながら打ち明けてくれた女性もいます。これはおそらくキャリアカウンセラーの方が転職会社と提携して報酬を得る仕組みにも関係しているでしょう。

これらは女性のキャリアをより良い方向に導いていく側のプロ意識の欠如やスタンスに問題があると言えます。なかなか見極めが難しいところなのですが、親身になって考えてくれるその人に合った相談先を見つけるためには、複数の場で話を聞いてみて、自分に合ったサポートかどうか確かめてみると良いです。

キラキラ女性起業家の実態

女性起業家と呼ばれる人が自由に働き華やかな生活を送る様子をＳＮＳで見かけると、その姿に憧れの感情を抱く女性も多いかと思います。しかし、その実態は恐ろしいものだった、ということも多々あります。これは何人もの女性から相談があった実体験をもとにお話しします。**実際にその女性起業家のセミナーに行った女性によると、数十万から数百万円の高額講座を受ければその女性のように豊かな生活ができる、と**

いう話を聞いて教材を購入。その後、講座で教わったのはなんと、同じような高額講座を売る仕組みを自分でも作り、何の実績もないままそれをひたすら売るためにSNSの発信をするという内容だったとのこと。その女性たちは怖くなって、高くついたけれど勉強代だと思って泣く泣く講座を終了したそうですが、中にはその方法を良いものと信じ切ってその後も発信活動に力を入れている受講者もいたそうです。

その受講者が売った高額講座がまた新たな被害者を生み出すという、終わりのない仕組みに私は唖然としてしまいました。

それだけではありません。私は試しにその界隈の方何人かのSNSをのぞいてみたことがあります。すると、あるときを境に更新がパッタリと止まっていました。中にはアカウント自体を消してしまっている方もいらっしゃいました。**やはり、実績や実態がないものは一瞬華やかに見えたとしても、長く安定的な手段とは言えません。**

私のもとにはこのように自己投資で失敗をしてきた女性が何人も相談にいらっしゃっています。対策としては事前に見極めができるように、その場の雰囲気で即決はせず、そのような情報が集まりやすいSNSプラットフォームを活用をするなどして情報収集をすることが重要です。

自己管理の難しさ

自分でスケジュール管理をすることに慣れないうちは、プライベートと仕事の境界線が曖昧になってしまったり、自分のキャパシティを超えた仕事を受注してハードワークに陥ったりして、健康管理が疎かになってしまうことがあります。

快適に働けるはずなのに、自己管理不足でストレス過多になってしまうのは避けたいもの。**早い段階から自己管理術を身につけ、中長期で自分にとって一番心地いい働き方を見つけていきましょう。**

自分と近いバックグラウンドを持つロールモデルの時間管理術を知ることもこの問題を解決するのに効果的です。

本書の第3章では20人のロールモデルの1日の過ごし方なども公開していますので、ぜひ参考にしてみてください。

孤独との闘い

リモートワークは職場に集まることがないため、コミュニケーションの機会が通勤しているときに比べて減少しやすい傾向にあります。チームメンバーや同僚と顔を合わせることが少なくなると、孤独を感じやすくなり、孤独感が強まるとメンタルヘルスの問題を引き起こす可能性があります。

この状況を改善するためには、オンライン上で仕事仲間と一緒に作業したり、ミーティングを定期的に開催したり、ワーケーションなどのオフラインイベントを作ったりするといいでしょう。コミュニティに所属するのも効果的です。

設備投資、ITスキルの必要性

在宅ワークをスムーズに行うためには、安定したインターネット環境やパソコン技術が必要です。これらに問題があると、仕事の効率が低下してしまいます。

もちろん、最新機器を揃えるに越したことはありませんが、最初から完璧に準備する必要はありません。私の運営するスクールでもスキルアップはスマホで行い、最初は2～3万円で中古のパソコンとW-i-F-iを揃え、未経験からスタートした方がいます。

私自身ももともとパソコンを持っていなかったのと、タイピングもできなかったため今の小中学生がやるようなタイピングの練習からはじめました。エンターキーを押す力の加減がわからなくてキーボードを壊してしまったという大失態をしたこともあります。

パソコンスキルは徐々に必要な機器を揃えながら、使っていくうちに慣れていくものなので、順を追って進めれば問題はありません。

運動不足による健康問題

オフィス通勤では歩いたり外出したりする機会がある一方、**在宅ワークでは椅子に座り続ける時間が長くなりがちです。これにより、運動不足から来る健康問題（腰痛、**

肥満、目の疲れなど）が発生するリスクがあります。

私自身もつい最近その重要性に気づき、パフォーマンス向上のために意識的に運動習慣を取り入れるようにしています。慣れてしまえば、いつでもできるので趣味としてリフレッシュの時間にもなります。

これらの落とし穴をあえてお伝えした理由は、落とし穴は事前に位置を知っていれば回避できるからです。あなたはこれから理想に向けて、初めての山登りをしていく途中です。山登りでは危険な場所をあらかじめ知っておかなければ、大きな怪我や挫折につながるかもしれません。山登りでも事前に経験者から聞いたり調べたりして危険を回避するように、知っておくことで対策できるのです。

この手順で在宅スタート 幸せを掴む最短ルート

次にお話をするのは在宅ワークをこれからはじめる人が、収入を上げて活躍していくまでに至るにはなにをしたらいいかのプロセスを体系化したロードマップです。

『リモラボ』では、スクールメンバーおよそ5000名のロールモデルたちのデータを究極まで体系化したロードマップをもとに在宅ワークを解説しています。

私自身が人生を懸けて実現したいことが2つあります。

1つ目はより多くの女性の人生を良い方向に導くということ。

2つ目はより多くの企業の成長をサポートするということです。この2つを両方とも実現するためには、場所や時間に捉われない働き方を多くの女性が再現できるよう、その方法を体系化することが必須でした。

まず実行したのは、私自身が在宅ワークで自由な働き方を手に入れるまでの過程をすべて洗い出すことです。**かつて将来に不安を抱えていた私が、今の働き方を確立するまでに必要だったマインドやスキル、経験、失敗したことや遠まわりしたことについてもすべて書き出しました。**

さらに、同じく自由な働き方を実現している**各業界のロールモデルたちに実際に話を聞きました。その経験談から共通の問題点と解決法を分析し、キャリアに関する論文なども参考にしながら、新しい働き方を実現させるためのプロセスを考え、ロードマップとして体系化しました。**その後もチームで会議を繰り返し、よりクオリティの高いものに仕上げていきました。

そして、このロードマップを基本に女性向けの無料キャリア相談で実際にサポートを行いました。

この無料相談は多くの女性に満足いただき、評判が評判を呼んで、私1人で1日に最大40人、月に400人以上の面談をこなしたこともありました。

これだけの事例を休みなく集めて反映してきたからこそ、自信を持っておすすめできるロードマップが完成したと思います。わかりやすい図解でまとめましたのでご覧

在宅や好きな場所で働くロードマップ

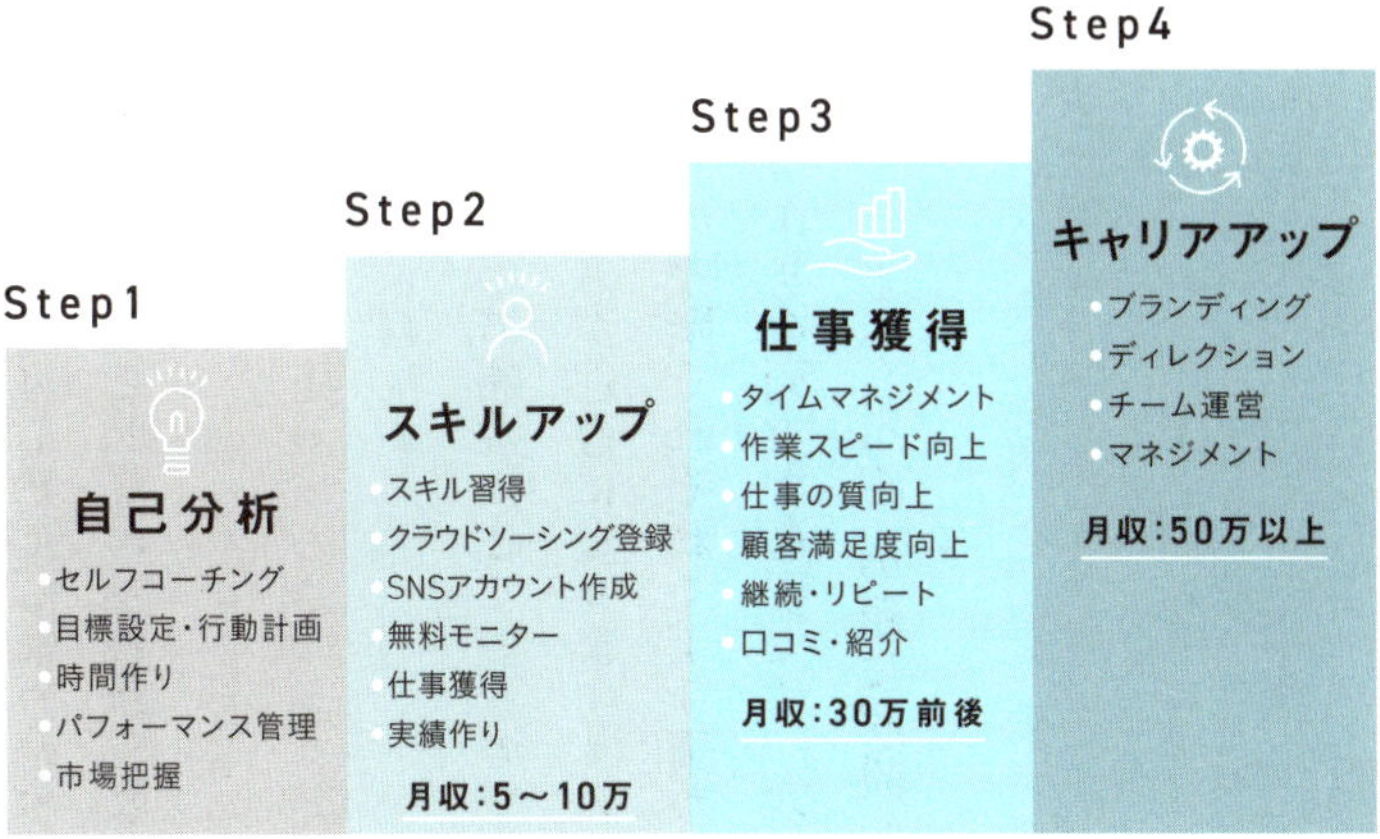

ください。

この図の見方について少し解説をします。

ロードマップは大きく4つのステップにわかれています。

ステップ1　自己分析
ステップ2　スキルアップ
ステップ3　仕事獲得
ステップ4　キャリアアップ

細かい内容は後に詳しく説明しますが、なぜこの順番にしているのかにも理由があります。さまざまな女性のキャリアパターンを見てきた中で、この手順を段飛ばしにしてしまうと結局後戻りをしなければならなくなるという法則に気づきました。たとえば、焦って

スキルアップからはじめてしまうパターンは結局何のために学んでいるのか、本当に自分に向いていることなのかわからなくなってしまい、結局挫折してしまうことが多いです。その場合、自己分析に戻ります。また、焦って収入を増やそうといきなりキャリアアップを狙おうとしても、結局基礎スキルが足りず、スキルアップが必要になるパターンもあります。

だからこそこの順番にしているのです。後戻りするくらいなら結局最初から正しい手順を踏んだ方が近道になりますよね。

この4つの段階それぞれでより細かく、マインドに関するアプローチとスキルに関するアプローチの両方が必要です。次の章からは「自己分析」「スキルアップ」「仕事獲得」「キャリアアップ」の順に解説していきます。

Check List

- □ 女性の幸福度を上げる5つの自由について理解できた
- □ 5つの自由が今の時点でどれくらい実現できているか見直した
- □ 在宅ワークに追い風が吹いている時代背景を理解した
- □ 在宅ワークの落とし穴について理解できた
- □ 体系化された在宅ワークのロードマップを学ぶ準備ができた

第1章

自分に合った在宅ワークを手に入れる方法

キャリア迷子にならない土台作りが最初の一歩

私は1人ひとりの理想の人生から働き方を一緒に考えてサポートしたいという思いで、これまでおよそ5000人以上の女性のキャリア形成をオンラインスクールという形でサポートしてきました。

かつての私もそうでしたが、日々仕事に追われていると自分の人生としっかり向き合い、理想に向かって計画を立てて実行する余裕がありません。**しかし、本質的な理想がわからないまま、流行の資格を取ったり、リスキリングの講座を受講したりしても理想の人生になかなか辿り着けず、〝キャリア迷子〟になりやすいのです。**

もし、第三者視点で長期的なキャリアプランを一緒に考えてくれる専門家がいたら、もっとスムーズに理想に辿り着くことができるのではないか。私はそう思って、一人ひとりに向き合うスクールを立ち上げました。

私のサポートは「こういう仕事がしたい」「こういうスキルを学びたい」という希望に対して「わかりました、やりましょう」という単純なものではありません。もちろん必要なスキル習得を提案することは大切ですが、**私はそれ以前に「どんな人生を送りたいのか」また、「自分にとって幸せだと感じられるのはどんな働き方なのか」を考えることが重要だと考えています。**

なぜなら、幸せな人生を送ることが目的であり、働き方やスキルアップはそのための単なる手段だと考えているからです。

ですから、私のスクールでは、他にはない独自のメソッドでその方が今後どのように生きていきたいのかを洗い出し、具体的にどうしたらいいかを一緒に考えることからはじめています。

残念ながら世の中には、特定のスキルのみを教えるスクールが多いようです。しかし私は「本気で働き方を変えたい」と私を訪ねてくださった方の生き方の根本からサポートをしたいと考えています。

この本を手に取ってくださったあなたもぜひ、この機会に「どう生きたいのか」を自分に問いかけて、自らの本音の部分を引き出してみてください。

「少しまわりくどいな」と思われるかもしれませんが、結局はそれが理想の将来への近道になると私は確信しています。

次のページからは自己分析によって、人生そのものを深掘りしていく方法をお話ししていきます。

まずは自分を知ること 理想と現実を見つめる

自己分析という言葉を聞くと「就職活動のときにしたことがある」という方が多いかと思います。**しかし、ここでの自己分析は就活用のものよりはるかに深く、自分とじっくり向き合って考えるものです。**

私はこのワークをこれまで1万人以上の方に実践してきましたが、自分を掘り下げることは精神的にかなりの労力が要る作業です。自身の現実や過去と真正面から向き合うことになるので、ワーク中にさまざまな感情が溢れ、泣き出してしまう方もいらっしゃいます。

それでも避けては通れないのが自己分析なのです。

なぜそこまでして自己分析が必要なのでしょうか。それは、新たな挑戦をするための強い動機を作るためです。この先に待ち構えているキャリアアップするためのスキル習得は決して楽なものではありません。

慣れないことに挑戦したり、見知らぬ業界用語を覚えたりすることが必要です。それに向き合うためには、強い動機が必要なのです。

世の中の多くの人は「需要がありそうだから」「流行っているから」「広告で見かけて興味を持ったから」という理由で、自己分析を省いてスキルアップからはじめてしまいがちです。すると、強い動機が作れていないために途中で挫折しやすいのです。

私もかつて、「なんとなく役に立ちそう」という理由でファイナンシャルプランナー資格を取った過去があります。3級に合格しましたが、その先の働き方や生き方がイメージできていなかったため、モチベーションが上らず、2級を受検する前に諦めてしまい、資格を活かした仕事に就くことは一度もありませんでした。同じような経験をしたことがある方も多いのではないでしょうか？

しっかりと自己分析ができていれば、もしスキルアップ期に困難だと感じることがあっても、「私は家族のために在宅ワークを目指すって決めたんだった」と改めて本来の目的に立ちかえることができ、プラスのエネルギーが働くのです。

理想の働き方を叶えるための思考法

ここからは自己分析ではなにをすればいいのかを具体的に解説していきます。
まず、自己分析のための3つのポイントを紹介します。これはキャリアに限らず、人生でなにかにチャレンジしたいときにも使える思考法です。なにかを進めようか迷っているときにも利用してください。

自己分析の3つのポイント

①現在の状態
②理想の状態
③①と②のギャップを埋めるために必要なタスク

理想の働き方を叶えるための思考法

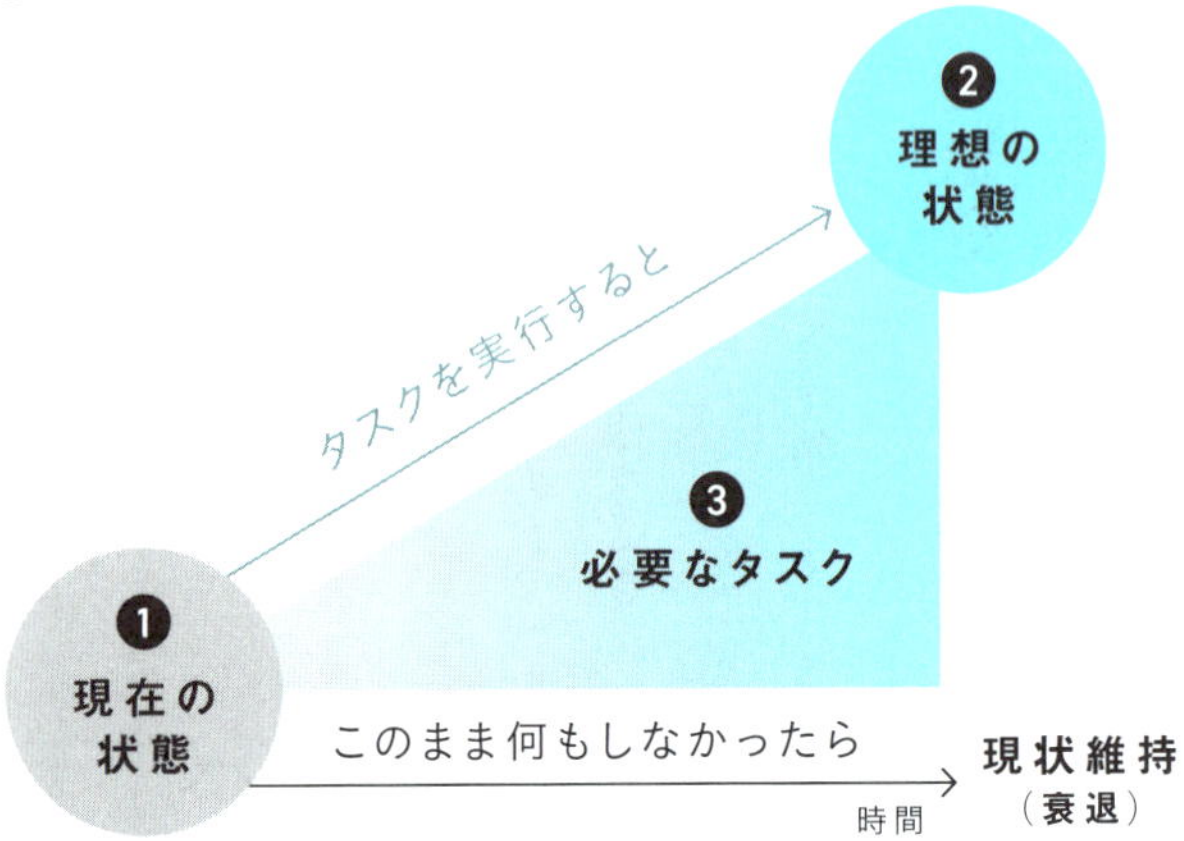

それぞれのステップについて解説していきましょう。

1 現在の状態

はじめに、現在の状態を思うままに書きます。**たとえば、「生活費に余裕がない」「家族との時間があまりとれていない」などです。**

私も独立する前に書きましたが、あまりにも暗い現実に気持ちがどんどん沈んでいき虚しい気持ちでいっぱいになった思い出があります。でも安心してください。ここではあくまでも現状を把握することだけを目的として書いてください。ちなみに、落ち込んだ私はフリーランスの先輩に相談しました。すると、「じゃあこれからは上がっていく一方だね」と言われて一気に救われた気持ちになりました。

ざっくりと書いた後は具体的に数字にします。「あと何万円あったら生活に余裕が見えそうか」「あと週に何時間くらい家族との時間を作れたらよさそうか」などです。

2 理想の状態

次に「将来の理想の姿」を書き出します。このときのポイントは、**現在の状況を一度置いて、19ページで解説した「5つの幸せをすべて自由にコントロールできるとしたら、本当はどうしたいのか？」を軸に考えてみることです。また、「〜の仕事をしたい」というよりは自由な働き方を実現した上で「〜な状態になりたい」と書いてください。**

たとえば、「家族との時間を大事にできる状態」「子どもに毎日、『おかえり』と言ってあげられる状態」「いつでも旅行に気兼ねなく行ける状態」などです。自由な働き方をした先でなにをしたいのかを書きます。

もし思い浮かべにくければ自分の過去からヒントを得ることもできます。『リモラボ』に「人生の棚卸し」というワークがありますが、これをおすすめしたいです。自分が生まれてから現在に至るまでに記憶している喜怒哀楽（喜んだこと、怒ったこと、悲しかったこと、楽しかったこと）を20個ずつ、思い出した順に書き起こすプログラムです。

書いてみると、自分の感情がどういうときに動くのか、その特徴や共通点を見出すことができます。たとえば、人によって「自分は人が関わることで喜んだり悲しんだりすることが多いな」とか、「工夫したり努力したことがきっかけで感情が大きく動く傾向にある」とわかったりします。**家族や友人との関係、恋愛すらも今の自分を作ってきたことが理解でき、そこから次第に自分の本来の姿や幸せのヒントが見えてくるでしょう。**

私が保育士を辞めた理由

皆さんが深い自己分析をするために役立つと思うので、ここで私自身の事例も簡単にご紹介します。

私が大学に入学する直前、２０１１年に東日本大震災が起きました。

大学では被災地の子どもたちに向けたボランティア活動をしていました。その経験をきっかけに子どもたちや働く女性のサポートに興味を持つようになり、都内の保育園でアルバイトをはじめました。そして、**保育士という仕事に感銘を受けました。子どもたちの発達を見据えたアプローチや保護者へのサポートの深さ、これこそ未来を作る仕事だと感じたのです。**保育は大学の専攻とは関係のない分野だったので2年かけて独学で国家資格を取得し、第1志望の公立保育園に就職することができました。

念願だった保育士の仕事は大変でしたがやりがいがあり、子どもたちもかわいくて毎日がとても充実していました。時間外の研修や学会にも積極的に参加し、全国どこへでも行きました。子どもたちや保護者のためになることなら少しも苦になりません。乳幼児期の発達や教育について研究することがとても楽しかったので、**一生この仕事をし、将来は未来の保育士を育成する仕事をしたいと考えていました。**

ところが、保育士になって2年目。一家の大黒柱だった父が突然入院し、長女である私が経済的に実家をサポートしなければいけなくなりました。**いつかこのような日が来るだろうとは思っていたのですが、想像以上に早い展開で、私はなにも準備がで**

きていませんでした。また、私は大学まで奨学金を借りていました。社会人になると同時に返済がはじまり、一人暮らしもはじめたので貯金が底をつき、不安はどんどん募っていきました。

ニュースでは「老後2000万円の資金が必要」と報道されたり、周囲の友達も貯金やNISAなどをはじめたりしていましたが、私には将来のことを考える余裕はまったくありませんでした。

目先のお金が必要だったのでしかたなく消費者金融でお金を借り、カードローンを使って実家に仕送りを繰り返したこともあります。

そのうちどんどんカードローンが膨れ上がっていきました。冷蔵庫は食費を切り詰めるために買い込んだもやしでいっぱい、ごみ袋には大量のカップラーメンの容器が入っている状態でした。

仕事が好きなのに収支が合わず、「親孝行したいのにまだなにもできていない」と自分に嫌気がさしました。

このままでは生活が破綻して家族も自分も幸せになれない。そう考えたとき、保育

士として勤務する以外の選択肢を考えるようになりました。

かといって周囲に相談できる人がいるわけでもなく、情報もありませんでした。公立保育園勤務の保育士は公務員なので、副業が禁じられていて、別の仕事を同時にはじめることもできません。

とうとう私は次年度の準備がはじまるタイミングで、次のことを考えないまま退職届を出しました。退職のお話をしたときの園長や上司、同僚の驚いた顔は今でも忘れられませんが、事情を聞いて応援してくださいました。円満に退職できたことが唯一の心の救いでした。**ここまでが当時でいう「現在の状態」です。**

当時、私はYouTuberバイリンガールさんのチャンネルをよく見ていました。特に好きだったのは、彼女が海外旅行に行く動画です。**英語が話せる上にこんなに何度も旅行に行けたら幸せだろうなと憧れていました。**

しかし保育士だった私の働き方ではその願いは叶うはずもありません。旅行に行けたとしても夏休みや年末年始などのピーク時だけで、限られた収入では年に1度行けるかどうかでした。

しかし、今思えばそのキラキラした世界が自分の人生を改めて見つめ直すきっかけにもなりました。もちろん私は英語を話せるわけでもなくYouTubeの配信スキルもなかったため、同じようにできるはずはありません。でも、**手段は違ったとしても、「パソコン1台で仕事ができたら、こんな暮らし方を実現することができるかもしれない」**と希望を持つことができるようになりました。**これが当時の私から見た「理想の状態」でした。**

そこから場所にとらわれずに働ける方法を模索し、理想に向けて必要な行動を行いました。5年後、ついに私はゼロからSNSという強みを手に入れ、念願だった365日旅暮らしができるようになったのです。

〝老後の楽しみ〟は、本当に老後でいいのか

理想を考える際のヒントをもう1つお伝えします。パソコン1台で旅暮らしができるようになってから、ハワイで3ヶ月間生活してみたり、ヨーロッパを1ヶ月かけて1周してみたりと、さまざまな場所に行くことができました。生活がカツカツだった

ころの私は、長期の海外旅行は老後の楽しみにとっておこうと考えていました。

しかし、実際にいろいろな場所に行って感じたのは「今、来られて本当に良かった」ということです。たとえば、ハワイのダイヤモンドヘッドやヨーロッパの石畳の道、エレベーターのない歴史的建造物を老後に訪れることを想像してみてください。今よりも圧倒的に体力が低下しているであろうおばあちゃんになったときに行ったら相当きついと思います。病気になって行けなくなってしまうリスクもあるでしょう。

多くの旅を経験して、「老後の楽しみにとっておく、とよく言うけれど本当に老後でいいのか」と考えるようになりました。

自分だけでなく周りの人もまた老いていきます。5年後、10年後の親や子どもの年齢を計算してみてください。**「いつか親孝行したい」「いつか子どもに好きなことをさせてあげたい」と言っているその〝いつか〟は、待っているだけでは実現不可能になってしまうかもしれません。**

私の父はつい最近他界しました。入退院を繰り返していたのでいつかその日は訪れると覚悟はしていました。私はそれまでに親孝行ができたらと思ったことがきっかけで、働き方を変えたのですが、これがもしあと半年や1年遅かったとしたら、私はやりきれない思いを抱えていたと思います。父の大好物の鰻を食べさせてあげられたとき、父が生前に望んでいた海洋散骨ができたとき、「本当に間に合って良かった」とホッとした気持ちになりました。

自分にも周囲の人にも思っている以上に時間は速く流れています。それを考えれば、一刻も早く100％納得のいく働き方、ライフスタイルを実現して、理想の暮らし方に向けてスタートを切りたいものですよね。

職歴だけがキャリアではない

「現在の状態」と「理想の状態」を書き出してみたときに、あまりのギャップに「私のキャリアでは難しい」と感じる方も多いのではないでしょうか。特に育休や産休中の女性の相談に乗ると、「私にはブランクがあるから、仕事ができるかどうか自信がない」という方が一定数いらっしゃいます。**そのとき私は必ず「あなたがブランクだと思っている時間は、今後仕事に活かせるくらい重要な人生の経験ですよ」とお話し**

しています。

キャリアという言葉はよく職業経歴・経験またはその発展として使われますが、辞書を引くと、個人の人生経験全般を含む意味合いを持っていることがわかります。実際に、広辞苑第七版では、「(職業・生涯の)経歴」と書かれています。

育休復帰後に在宅ワーカーとして活躍されたとあるママさんは、「子育て中に身についたスケジュール管理能力や柔軟性はそのまま仕事に活かせている」と言います。

また、一時期廃人のようにゲームの世界に没頭していた時期がある方は、現在その中で培ったチームワークやマネジメントの経験を活かして、マーケターとして優秀なチームメンバーを束ねて活躍しています。

だからこそ、ライフスタイルも趣味も実は立派なキャリアと言えるのです。ぜひこれまでの人生はすべてご自身にしかない経験だと捉えて、この先も読み進めていただけたらと思います。

少し話が脇道にそれましたが、ここまでで①現在の状態と②理想の状態が明確になりました。この時点で自己分析の3分の2が完了したことになります。ここで少しこれまでの流れをわかりやすくおさらいします。

目的地がわからなければ辿りつけない

今、皆さんが挑戦しようとしていることは、Googleマップを使って目的地に向かうことに似ています。行きたい場所があるときにはまず現在地に地図を合わせて、目的地を入力しますよね。すると、目的地へ向かうためのルートや移動手段を知ることができますが、現在地や目的地がわからない状態なら、経路や手段もわかりません。迷子になってしまいます。

これを人生やキャリア形成に置き換えると、現在の状態がわからなければ、当然進むべき道を見失ってしまうのと同じことになります。しかし、ほとんどの人がこの状況に陥っていると言わざるをえません。

過去の私のように「資格はなくならないから」と資格を取ったけれど活かせていないという経験。流行りのリスキリングをしてみたけれど収入はあまり変わらないという経験。キラキラ女性起業家に憧れ起業塾に入ったけれど理想の働き方とはほど遠いなど。これらはキャリアの迷子状態なのです。

このような状態は目的地がわからないまま「あの電車がかっこいいから乗ってみる」とか、「とりあえずあっちに向かって走ってみたらいいかも」というふうに手段から決めているのと一緒です。当然、どこに行きつくかわかりませんね。

マップの経路案内にたとえると「さすがにそんなことはありえない」と思えますが、人生やキャリア形成に置き換えてみると他人事とは思えないのではないでしょうか。

そのため①の「現在の状態」と②の「理想の状態」を先に想像していただきました。ここまで書けたらいよいよ③の「①と②のギャップを埋めるために必要なタスク」に入ります。

現在と理想の状態がわかったら、そのギャップを埋めていくために行動するべきです。いよいよ目的地に向けて出発しましょう！

3 「①と②のギャップを埋めるために必要なタスク」

理想と現実を埋めるために必要なこと。それは目標を立てることです。理想の自分になるためになにが必要なのかわかる範囲で書き出してみましょう。それが次に繋がるスキルとして必要なことになります。

私は「停滞＝衰退」と考えています。現実と理想にギャップがあるのに行動せず、今と同じ時間の使い方、同じ習慣で毎日を過ごしていたら、いつになっても変わりませんよね。

自分が行動をするフェーズになると、その不安から「今はまだそのタイミングではない」と脳が錯覚してしまい、なかなか行動に移せない方もいらっしゃいます。**でも、実際問題として、自分は変わらなくても社会の方はどんどん変化していきます。**

すでに昨今、インフレにより物価が上がっていますし、税金も上がっています。多くの人の可処分所得が下がっている中、今の収入、今のスキルのままならそれは衰退と同じ意味になります。私たちはこのままなにもしないわけにはいかない時代を生きているのです。

でも、ご安心ください。

私の手元には５０００名以上の先駆者たちが残してくれた、「これを順番に行ったら在宅ワークが実現できた」という実証済みのデータがすでにあります。このデータを集大成したプログラムがあり、今、なにをすべきなのかは明確になっています。

私がリモートワークをはじめたころは、このような便利なものはありませんでしたが、この本を手に取った方はラッキーなことにそれを知ることができます。

キャリアアップをするために必要なタスクをこれから順番に解説します。

目標には必ず期限を設ける

スキルアップのためになにをすればよいのかと言っても途方に暮れてしまうと思います。まずは必ず期限を設けること。**目標を達成できず、目標を掲げたままで終わってしまったという経験は誰にでもあることだと思います。**

私はお正月に今年の目標を立てたのに、年末に振り返って「実現できなかったなあ」と思った経験を何度もしています。

一方で、学校の夏休みの宿題はギリギリになってでもしっかり提出できていました。

この違いはどこにあるのでしょうか。2つの要因が挙げられます。

1つ目は、期日の有無です。夏休みの宿題は期日が決められています。たとえ面倒くさいと思ったとしても、**残り日数がどんどん減っていけば、否応なしに取り組む人がほとんどです。**

2つ目は、共通認識を持つ仲間がいることです。「夏休み明けの初日に提出できなかったら先生やクラスのみんなに知られて恥ずかしい」という感情が原動力となって行動に移すことができます。

このことを知ってから、私は**目標を決めたら必ず期日も一緒に決め、さらにはSNSや仕事仲間にどんどん宣言して自分を追い込むようにしました。**

その結果、次々と有言実行し、仕事では期日までに期待された以上の結果を出すことができるようになりました。そして、プライベートでは期日と目標値を決めて3ヶ月でマイナス12kgのダイエットにも成功することができました。

期日を決める2つのポイント

期日を決めるための効果的なポイントが2つあります。

1つ目は期日を1年程度までにすることです。**人は1年以上先のことは遠すぎて意識することができません。**

以前、2年後に独立するという目標を立てた方がいましたが、なにをすればよいのか不透明で悩んでいました。私は「2年後のマイルストーンではなく、1年後に設定し直しましょう。1年後のこの日にいくらの副業収入だったら実現できそうですか？」と聞きました。すると彼女は「10万円ぐらいかな」と答えたので、「じゃあ1年後の○月○日までに10万円の副収入を得ている状態にしましょう」と一緒に目標を決めました。期日から逆算すると一気にすべきことが明確になり、タスクをこなせるようになりました。

ここでの目的はタスクを進めることなので、1年と決めなくてもいいでしょう。タスクを細分化して、半年後、3ヶ月後などのより短いスパンで設定しても、自分がイメージできていれば先が見通せて効果が出ます。

2つ目は、日付はできる限り意味がある日に設定すること。「月末までに実行しよう」とか、「年末を目標にしたい」という**漠然とした日付よりも、自分や家族の誕生日や記念日、思い出の日に設定する方が、モチベーションが上がりやすいです。**見事にタスクを達成してその日を機嫌良く過ごしたいという気持ちになり、プランを行動に移しやすくなります。

これで自己分析は完了です。あなたの人生からさまざまな価値観や傾向が明らかになり、どのように行動に移せばよいのか理解できたかと思います。次からはスキルアップしていくための具体的な方法について目標や期限の設定方法を話していきます。

やるべきことを明確にして自分に指示を出していく

ここまでできたら次はアクションプランを立てていきます。**アクションプランは1日単位でやることが明確になっていればOKです。**

学生時代を思い出してみてください。学校では時間割が決まっています。そのために、翌日はどの教科書が必要なのか、体操着を持っていく必要があるのかないのかが明確になっていましたよね。

これくらい明日やるべきことを明確にするには、時間割を自分で作る必要があります。すると、毎日なにを優先すべきか迷わず行動できるようになり、計画に従って確実に進めることが可能です。具体的な方法について説明していきます。

じぶん会社の組織図

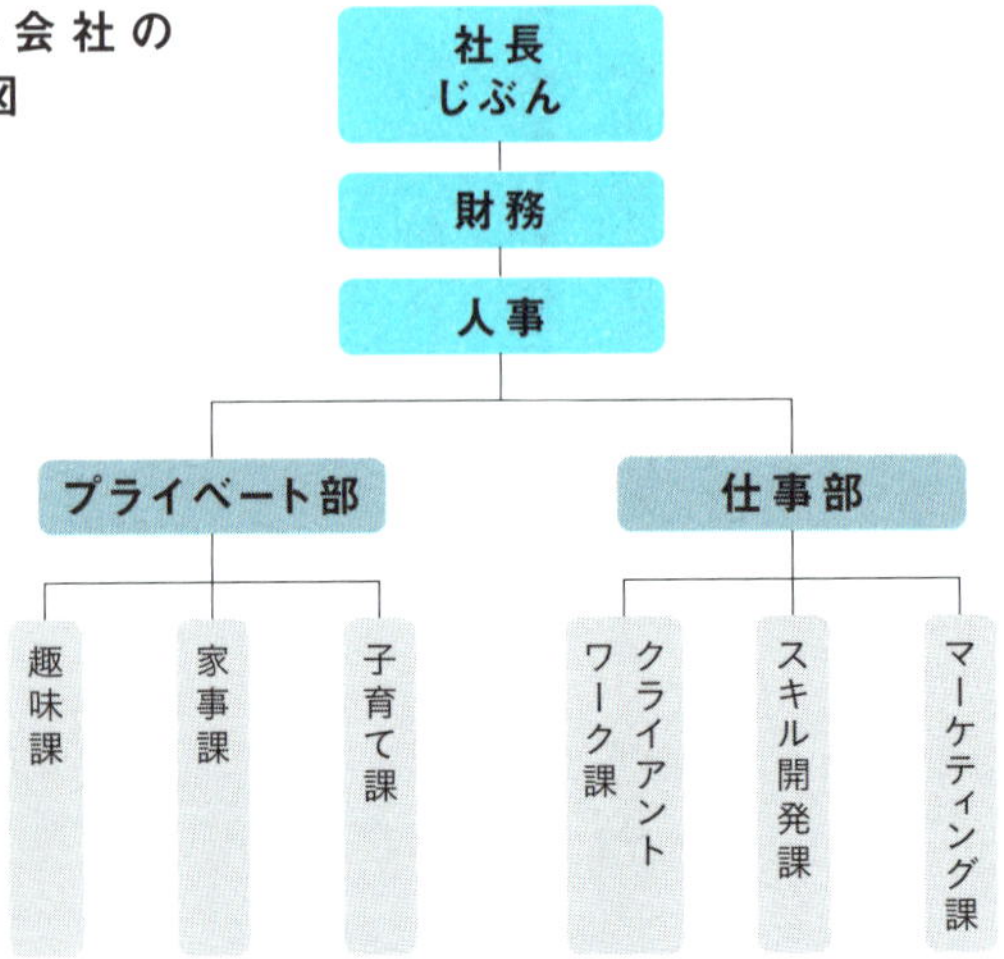

今日からあなたは「じぶん会社」の社長です

目標を行動に移すためには、「自分は、私が経営する会社の社長だ」と思ってみてください。そして、**社長と社員の両方の役割を担ってください。**

さあ、今日からあなたは「じぶん会社」の社長と社員の一人二役です。**会社のミッションは先ほど書いた②の「理想の状態」を実現すること。**社長のあなたは社員のあなたにそのために必要な仕事を指示します。

・在宅ワークを実現するためにこの本に書いてあることを1つずつこなす

・現在の職場を円満退職するために引き継

ぎの準備をする
・家族からの理解が得られるように将来のことを話す時間を設ける

などが具体的なタスクの例です。
すると社長はさらに次の《ＳＭＡＲＴの原則》を用いて、あなたが確実に仕事をこなすように指示するはずです。

ＳＭＡＲＴの原則

Specific（具体的に）：なにを達成したら完了なのかを明確にする
Measurable（測定可能に）：どれくらいの量を行うのか、見えるもので設定する
Achievable（達成可能に）：現実的に可能な量、期限に設定する
Relevant（関連性のあること）：どの長期目標のためにやっているのか明確にする
Time-bound（時間的な制約を持たせる）：○月○日までにやると決める

この命令を受けた社員としてのあなたは、まず期日に間に合うように今日のタスクを書き出すはずです（例として「まずはこの本に書いてあるチェックリストを1週間後の何月何

日までに5つ終わらせよう」など）。

あとは簡単で、タスクを実行する度に1つずつ消していくだけです。

常に「指示を出す社長」と「行動する社員」という2つの立場があることを意識しながら過ごしてみてください。

なんとなくダラダラしてしまう日があったら、「今日はなにも働いていないいじゃないか！　ご褒美のおやつなし」と社長役になって社員役のあなたにツッコミを入れることもできるようになります。

こうしていくと自然に理想を実現するためにやることが明確になり、前へ前へと動けるようになります。


この考え方は仕事に限らずプライベートでも応用できます。**「じぶん会社」の組織の中で事業部が「仕事」と「プライベート」の2つに分かれて相関関係を作り出すイメージです。**旅行の計画や推し活、育児などで掲げている目標が複数ある場合も同じ手順で必ず実現できるようになります。たとえば社長の自分から社員の自分に「3ヶ月後にプライベート事業部で出費が増える予定だから、予算を作るために収入を増やしてくれ」と依頼できます。

社長は常に、まだ実現していないことでも、もうすでに予定で決まったこととして指示を出すことがポイントです。そこには一切の迷いがなく「もう幸せになる予定が決まっているから、よろしく」というスタンスでいいのです。

あとは社員の自分が決まったことをやるだけ、というやりやすい状態になります。

どこで学びの時間を得るか スケジュールを見直そう

スキルアップをはじめたばかりの時期に必ずぶち当たる壁が「時間の作り方」です。「勉強の時間を作りたいけど、時間がとれないです」という相談は必ず来ます。

私は「物事の優先順位を決めれば時間はいくらでも作れます」と伝えています。なぜならどんなに忙しい経営者でも、持っている時間は1日24時間。それでも最大限有効活用すれば、大きなことでも成し遂げられるからです。

さらに言うと、**この時間作りの壁をクリアせずにスキルアップをすることは不可能です。**では、今からさまざまなバックグラウンドを持つ女性に合わせた正しい時間作りの方法を伝授します。

時間を作るための手順

忙しい社会人女性が時間を作るための方法は次の通りです。

時間を作るための手順

手順1　今の1日のスケジュールを書き出す
手順2　理想の未来に繋がらない時間に印をつける
手順3　さらに同時に「ながら学習」ができる時間に印をつける
手順4　印をつけた時間をすべて学習に充てる

たったこれだけです。シンプルですよね。しかし、書き出してみると意外と時間を決めずにSNSを見ている時間やボーッとしている時間が見つかったりします。**意識していないと、理想の未来に繋がらない時間が知らず知らずのうちにどんどん増えていきます。**私はスマホのゲームをしている時間が多いことに気づいてアプリを消しましたし、私の周りにも、理想の働き方ができるまではドラマを見る時間を減らしたという人もいます。家事の時間に印が多くついた人は、食洗機や全自動掃除器、乾燥機付き洗濯機などの優秀な家電を揃えることで、時間を作っています。

また、「ながら学習」ができる時間も意外と見つかるものです。「ながら学習」には効果の点で賛否両論ありますが、私はなにもやらない時間があるより効果的だと考えています。集中して取り組める時間がとれるに越したことはありませんが、忙しい女性にとっては、ながらの時間でさえも貴重です。通勤時間、お湯を沸かしている時間、バスタブに浸かっている時間を利用する人、寝かしつけでお子さんの背中をトントンしている時間に耳からの音声学習を取り入れる人もいます。ただし、大事なのは身につけること。身につくまで繰り返し学習しましょう。

それから、たった5分でできることも意外とあります。たとえば、チャットの返信をする、SNSに投稿するネタを書き出す、文章を書く際のポイントを箇条書きで書く、などは5分でできるタスクの例です。この隙間時間も合計すると1日の総稼働時間は確実に増えます。

こうして学習時間や作業時間は案外作れるものなのです。

むしろ、やることリストの中から「これ、私がやらなくてもいいかも」と思われる項目を整理して、「絶対にやらないことリスト」を作成するのも効果的です。誰かに助けてもらったり、思い切って家事代行を頼んだりして、時間や手間がかかりすぎることを省くのも1つの方法です。

目標学習時間は週単位で考える

もう1つのポイントは学習や作業に充てる時間を週単位で考えることです。よく「1日何時間学習すればいいですか？」という質問があるのですが、絶対に1日単位では続かないと断言できます。週単位で考えることで、特に、本業がある方、自分や家族の体調などイレギュラーな事態が起こりうる方は調整しやすくなります。たとえば、今日は体調が優れないから今日の分は週末にまわそう、などということができます。人間ですから気分の上がり下がりが当然あるので自分で調整してみてください。

学習時間は少しずつでかまいませんが、基準として週に20時間ほどを確保してみま

しょう。なぜ20時間なのかというと、通常、フルタイムの社会人は週に約40時間働きます。すると、20時間の学習は、通常の労働時間の50％に相当します。

独立して自由な働き方を目指すのであればまずは、本業レベルの半分から目指してみるのが独立のイメージも湧きやすく、ベストという考えです。

これまでの時間管理術を実践して、本業で残業が多い方も、ワンオペ育児でお子さんが5人いらっしゃるママさんも週20時間の時間を確保することに成功しています。

時間管理の実施と見直し

時間管理はここまでのことを決めて終わりではありません。決めてはみたものの、最初は実際にその通りには動けなかった、ということもあります。実行しながら改善していきましょう。

たとえば、日中は家族からの緊急の連絡が入る可能性があるため、イレギュラーなことが起こった場合にスムーズに予定をずらせるように学習時間を2パターン考えておくという工夫をした人がいます。また、家で長時間集中しようとしたけれど続かなかったので、カフェや図書館などの人目があるところで休憩を挟みつつ作業するようにしたという人も。さらに、学習している間は推しを見るのを禁止していたが、かえってストレスになると気づいてタスクを5つ完了させたら見てもいいというルールを自ら作った人もいます。

先にお伝えしたように、あなたはじぶん会社の社長です。社員としての自分が働きやすいように工夫をしていくことも社長の役割で、いくらでも自分ルールを作って良いのです。

ただアクションプランを作るだけではなく、ご自身のパフォーマンスや家族のニーズに合わせて柔軟に調整し、常に改善を加えて、一番ストレスなく快適に学習や作業ができる時間を見つけてください。

学びはスクールが最短
自分に合う仕事を選ぼう

次はいよいよスキルアップを目指します。準備、注目されている仕事、必要なスキル、留意点について解説します。「自分に向いているのはなにか？」という視点で読んでください。

準備するアイテム

在宅ワークはひとまずパソコンとＷｉ－Ｆｉがあればはじめられます。仕事の効率を上げるために、デュアルモニターやガジェットを揃えることもありますが、それは必要になってから追い追い揃えれば大丈夫です。

パソコンは最新である必要はなく、3年以内に製造されたものであれば問題ありません。パソコンは数年ごとに買い替えていくものですし、収入が上がればこだわりも出てきます。最初は中古で2~3万円の製品を用意される人もいます。機種などは時期によって変わるので、家電量販店で予算を伝えて相談してみるのが一番です。動画編集の作業などを考えている場合はメモリの容量を大きめにすることが必要なので、それも併せて伝えるといいでしょう。

よくWindowsかMacのどちらを選べばいいかという質問がありますが、どちらでもかまいません。好みのOSを選んでください。

Wi-Fiはスムーズに繋がればどれでも良いですが、家に光回線を引けるのであれば速くて快適なのでおすすめです。光回線を引くことが難しい場合は格安のポケットWi-FiなどでもOKです。

スクールの正しい選び方

スキルを学ぶためにスクールに参加することは、**大学受験をしたい人が塾に行った**

り、ボディメイクをしたい人がトレーニングジムに通ったりするのと同じくらい賢明な判断です。無料で学ぶ手段ははじめの一歩としては良いのですが、ほとんどのコンテンツが最初のさわりのみとなっていることが多いです。しかし、世の中にはさまざまなスクールがあり、間違った選び方をしてしまうとお金や労力を無駄にしてしまう可能性があるため、次の点に気をつけて選んでください。

＊カリキュラムが網羅されているか

自己分析／スキルアップ／仕事獲得／キャリアアップまで継続サポートしているか。さまざまな職種に対応していて、途中のキャリアチェンジも可能か。卒業型ではなく、時代の変化に対応して情報がどんどんアップデートされているか。

＊講師の質はどうか

現役で活躍していて実績があり、その分野に精通しているか。親しみやすさも重要だが、結果を出すために必要な厳しさも兼ね備えているか。

＊コミュニティの質はどうか

お互いに高め合えるような環境か。馴れ合いになりにくい工夫がされているか。

＊スクールの理念はどうか

スクールのコンセプトや代表の考え、ビジョンに共感できるか。

＊実績があるか

参加者がしっかり成果を出していてロールモデルとなる人が多く継続的に参加しているか。参加者の口コミがＳＮＳなどで発信されているか。

この5つの条件が揃っていればコスパが良く成果を出しやすいでしょう。そうではないスクールを選んでしまうと、足りない機能を補うために他のスクールに通うことにもなり、費用が嵩む可能性があります。

今、需要の高い在宅ワークの種類

今、最も需要が高く注目されているリモートワークの職種はなんでしょうか。私が認める在宅ワークの条件は3つあります。それは、

①　高需要

②　安定収入

③ **将来性**

です。よく在宅ワークとしてデータ入力や物販、アフィリエイトなどが紹介されることも多いですが、**①②③どれかの条件が欠けていることが多いです。**

この3つの軸がなければ、スキルを学んでも仕事がとれなかったり、短期的に収入を得て終わりになってしまったり、その先の収入アップが難しくなってしまいます。

私はそのような女性たちの相談をたくさん受けてきました。この条件をすべてクリアした仕事をご紹介します。

好条件ワーク①バックオフィス業務（オンライン秘書）

★主な業務内容

事務／総務／経理／人事／採用／DX／スケジュール管理／顧客対応／資料作成のいずれかもしくは複数。従来のバックオフィス・秘書業務をオンライン上で行う。

★必要なスキル

基本的なオフィスツール全般ができれば可能。生成AIを活用できると効率アップ。

★向いている人の特徴

サポート役が好きな人／コツコツ丁寧に仕事をするのが好きな人

好条件ワーク②マーケティング業務（マーケター）

★主な業務内容

市場分析／戦略立案／SNS運用代行／キャンペーン立案・実行／プロモーション／LPステップ構築／広告運用／PR広報などのいずれかもしくは複数。

★必要なスキル

基本的なオフィスツール全般／各種分析ツール／各媒体の運用ノウハウ

★向いている人の特徴

仕事の成果を数字として残したい人／結果を追うプロセスを楽しめる人

好条件ワーク③クリエイティブ業務（クリエイター）

★主な業務内容

Webデザイン／グラフィックデザイン／動画制作／ライティング／イラスト制作などの、コンテンツを作る仕事。

★必要なスキル

基本的なオフィスツール全般／デザイン＝Adobe Creative Cloud（Photoshop、Illustrator）、Canva／動画編集＝Adobe Premiere Pro, Final Cut Proなど／イラスト＝Procreate（アプリ）など。

★向いている人の特徴

なにかを作る作業が好きな人／想像力を活かした仕事をしたい人

以上3つの業務が高需要・安定収入・将来性をすべて兼ね備えていて長期的に企業や社会に対して貢献できるお仕事です。それ以外の手段を検討される方もいらっしゃいますが、多くの場合どれかを満たさない場合が多いため厳選して選ばれた職種です。

またこの時点で決めたからといって、この先変えてはいけないわけではありません。たとえばSNS運用代行からはじめて、オンライン秘書に転身された方もいらっしゃいます。チャレンジしたあとに、自分の強みに気づくこともあるため、学ぶにしてもある程度網羅性のあるカリキュラムが必要なのです。

「ハード」と「ソフト」、2種類のスキルを同時に磨く

キャリアアップをするために必要なスキルは大きく分けて、ハードスキルとソフトスキルの2つがあります。**ハードスキルとソフトスキルどちらか一方だけ身につけても仕事は成り立たず、バランス良く持ち合わせていれば、幅広く活躍できます。**

ここではこの2つについて解説していきます。

＊ハードスキル

専門的で特定の業務を遂行するためのスキルです。

たとえば、SNSマーケティング、Webデザイン、動画編集などがこれにあたります。それぞれ専門の知識とスキルが必要で、市場規模や需要が大きい分野なのでスキルを身につければ、市場価値の高い人材となり収入アップに繋がります。

＊ソフトスキル

職場における対人関係や個人の行動に関する能力を指します。たとえば、コミュニケーションスキル、問題解決能力、スケジュール管理能力などです。

これらはどんな職種でも必要なため、職種が変わっても活かすことができますが、体系的に学ぶ手段があまりないという声をよく聞きます。

そのため、私は『にゃるほど！　作業が遅いで悩まなくなる仕事術図解100』（KADOKAWA）という本を過去に出版しています。

この本はソフトスキルの習得に関してネコをキャラクターとして図解でゆるっと解説したものです。社会人1年目の新人からリーダー職までに役立つので、ぜひ参考にしてみてください。

再度申し上げますが、ハードスキルとソフトスキルのどちらか一方だけ身につけて

も仕事は成り立ちません。逆にこの2つのバランスがとれていれば、楽しくスムーズに仕事を進めることができ、幅広く活躍できるでしょう。

さらにキャリアアップを目指す場合はハードスキル同士を掛け算すると市場価値が高まります。詳しくは第2章で解説していきます。

Check List

- □ 現在の状態をざっくり書き出す
- □ 現在の状態を具体的な数字付きで書き出す
- □ 理想の状態をざっくり書き出す
- □ 理想の状態を具体的な数字付きで書き出す
- □ 目標に期限をつける
- □ 今日やることを明確にする
- □ 学習や作業の時間を確保する
- □ まずどの職種を極めるか目星をつける
- □ 学ぶための手段（スクール等）を選ぶ
- □ 自分の現在のスキルを書き出す

第2章

仕事が舞い込み
収入も時間も
自由になる方法

どのようにして一番最初の仕事を獲得すれば良いのか

第1章を参考にスキルアップまでの準備が整ったら、いよいよ仕事を獲得するために動き出します。特に最初の仕事獲得は0から1を生み出すことなのでハードルが高いと感じる人が多いです。**でも、ここを乗り越えれば個人で収入を得る感覚が掴め、次々に仕事を受注することができるようになり徐々に理想に近づきます。**

では、ハードルが高いと感じる理由はなぜでしょうか。

それは、これまで会社に雇われて、自分で仕事を獲得しなくても働けていた状態から、フリーランスとして100%自分でお仕事を請け負ってこなしていくという変化に感覚がついていけないためです。

そこで、次のような課題に直面する人が多いです。

- 未経験なので誇れる実績がないと思い込む
- 仕事の獲得方法がわからない
- 提案して断られたときに落ち込む
- お金を受け取ることについてのマインドブロックがある

これらの課題は仕事獲得までの手順を知れば、すべて解決します。

順番に解決していきましょう。まずは実績作り。

実績作りとは「できることを証明すること」です。証明する方法としては、サンプルを作る、ポートフォリオを作る、無料モニターを行う、小さな仕事から請けてみる、といった手段があります。最初は皆さん0からなので、徐々にできることを増やして大きくしていくイメージを持てばいいでしょう。これは次の仕事獲得と連動する話なのでこのまま進めていきます。

初心者にオススメ 3つの仕事獲得の方法

最初に仕事を獲得する方法は主に次の3つです。

①クラウドソーシングサービスで獲得する
②SNSで獲得する
③知り合いから獲得する

1つひとつ解説していきます。

①クラウドソーシングサービスで獲得する

クラウドソーシングサービスとは、インターネットを介して業務を依頼したい側と受注したい側をマッチングするサービスのことです。**フリーランスで最初のクライアントを見つけるのに非常に有効です。**

これらのプラットフォームでは、さまざまな業種の仕事がリストアップされており、ユーザーは自分のスキルと興味に合った仕事に応募することができます。最初は自ら直接仕事を獲得するよりも、プラットフォームを介してやりとりをする方が安心という人にはおすすめです。取引の透明性や支払いの信頼性が確保されている点も魅力的で、多くの利用者に支持されています。

利用方法は、まずアカウントを作成し、プロフィールを充実させて、プロジェクトに提案を送るというプロセスをこなしていきます。**最短で仕事を獲得するコツは、自分の強みを明確に打ち出し、信頼できるポートフォリオを提供することです。**

また、小さな仕事からはじめて徐々に評価を積み上げることも大切です。初心者はまず、人材マッチングプラットフォーム・クラウドワークスなどのサイトから登録してみるとはじめやすいです。

仕事獲得のためのさまざまな手段

	集客効率	客単価	詳細
クラウドソーシング	★	低い	単価が低く仲介手数料をとられる
DM営業	★	普通	DMで数百件に1件という成功確率
ブログ	★	普通	集客できるまで遠く、難易度が高い
YouTube	★★★	高い	初心者には難易度が高く、コストがかかる
TikTok	★★	普通	認知度は高まるが集客後の成約率が低い
X	★★★	普通	実績がないとなかなか相手にされないが始めやすい
Instagram	★★★★★	普通	再現性が高く、最短で集客ができる

②SNSで獲得する

ソーシャルメディアは、自分のスキルやサービスを広く宣伝するのに役立つツールです。Instagram、Xなどのプラットフォームを活用して、自分の仕事のサンプルや成功事例を共有することで、潜在的なクライアントの目に止まる機会を増やすことができます。

SNSでの仕事獲得の鍵は、定期的に仕事に関連する内容を投稿し、フォロワーと積極的に交流することです。

一方、**SNSの使い方としておすすめしないのはDM営業です。営業をしないと仕**

事が獲得できないほど信頼がない人と見なされてしまい、仕事に繋がらないどころかマイナスブランディングにもなりかねません。

③知り合いから獲得する

既存の人脈を活用して仕事を得る方法です。友人、家族、以前の同僚やビジネスパートナーなど、すでに信頼関係のある人々から仕事を紹介してもらう方法です。**直接連絡をとり、自分がフリーランスとして働いていること、どのようなサービスを提供しているのかを伝えましょう。**

また、既存のお客様の満足度を上げ、あなたのサービスを他の人に推薦してもらえるようにすることも重要です。この方法は、最初からある程度の信頼を持って関係値を築きやすいため、リピーターを獲得しやすいです。

3つの方法についてお伝えしてきましたが、**順番としては①→②→③の順序で取り組んでほしいと思います。そして、この中でできるだけ早いうちから取り組んでいた**

だきたいのは②のＳＮＳです。私はＳＮＳを「自動名刺配りツール」と呼んでいます。

活用しないのは非常にもったいないと思います。定期的に自分の仕事や専門性について、投稿することで、寝ている間でも見てもらえることがあります。

そのため今は足を運んで名刺を配りにいかなくても、**ＳＮＳのアカウントを作ればそこからお仕事が舞い込んできます。ＳＮＳから積極的にフリーランスの採用を行う企業が増えてきたためです。**

クラウドソーシングサービスでの仕事に慣れてきたら、ＳＮＳ経由で仕事を獲得することで仲介手数料をとられることなく直接契約ができるようになります。すると、報酬は税金を除けば１００％あなたのもとへ入ってきます。

仕事獲得のSNSのはじめ方

「SNSで仕事を獲得するにはたくさんのフォロワーが必要なのでは？」と考える方が多いのですが、**私がサポートしてきた女性たちが初めて仕事獲得できた時期はだいたい500フォロワー以下だった人が多いです。**中には開設して1週間というスピードで仕事を獲得できたり、100フォロワー台で依頼が来た人もいます。

SNSの選び方と良いアカウントの例

では、どのSNSを選べばいいのでしょうか。**まずは、Instagram、Xの2つでアカウントを登録してください。**初心者の方がはじめやすく、仕事を獲得しやすいのがこの2つだからです。余裕があればYouTubeやブログなどその他の手段にも取り組むといいのですが、それぞれ特徴があるので、まずはやりやすいこの2つをはじめてみましょう。

★アイコンの作り方

アイコンはどちらも本人の写真が一番信頼されますが、**本業との関係で顔出しが難しい場合は横顔またはイラスト画像でも大丈夫です。**今はChatGPTやMidjourneyなどの生成AIでも簡単にオリジナルのアイコン画像を作ることができます。

★プロフィールの作り方

自分の実績や強みがわかりやすく記載されていて何者かがわかりやすいことがポイント。お問い合わせ方法まで書かれていると連絡をもらいやすいです。

実際にお仕事を獲得しているInstagramとXのアカウントの特徴についてもまとめましたので、ぜひプロフィールや発信の参考にしてみてください。

Xとinstagramのプロフィール例

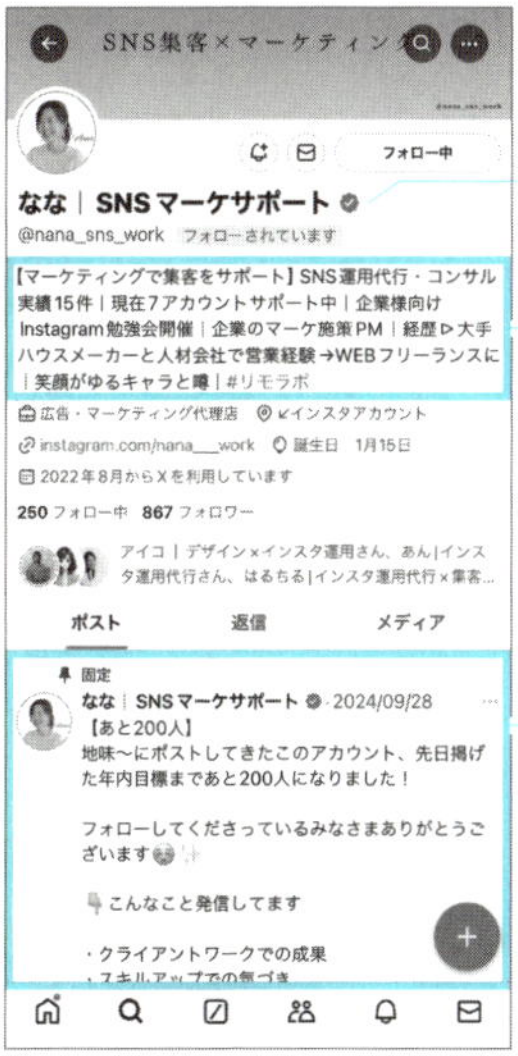

X

覚えやすい名前
わかりやすい肩書き

実績や強みがわかりやすい
お問い合わせに関するアナウンスがある

自己紹介の延長となる固定ポスト
発信内容や人柄がわかりやすい

ポジティブなオリジナルの投稿で
タイムラインが埋められている

Instagram

覚えやすい名前
わかりやすい肩書き

実績や強みがわかりやすい
お問い合わせに関するアナウンスがある
(お問い合わせはDMへ、現在受付停止中など)

お客様の声、サービス内容
がまとめられている

仕事を依頼した先の
イメージが湧きやすい発信

仕事をするときのスムーズな流れ

私の周りで活躍しているフリーランスは、契約までの流れがとてもスムーズで相手にとって心地の良いものに設計しています。**このコツを知って実践することで、営業は一切していないのに、まるであなたのサービスを受けることが当たり前かのように、納得して「あなたにお願いしたいです」とご契約に進んでいただけるようになります。**

営業ではなく企業の課題に対する解決策の提供

仕事を請け負うとき、「私は営業や売り込みが苦手なんです」というお悩みをよく聞きますが、私はフリーランスになってから一度もゴリゴリの営業活動や売り込みをしたことがありません。

すべてはお客様の方から「〜についての依頼をしたいです」「〜のお見積もりをいただけますか」とお問い合わせをいただけるので、あとはいくつかのパターンで用意しているものをニーズに合わせてオンライン面談でご案内するだけです。

なぜ面談をする前からそこまで信頼して依頼をしてくださるのかというと、事前情報のすり合わせがある程度できているからです。

事前情報というのは次のような情報です。

・私は何者でなにができる人なのか
↓SNSやクラウドソーシングサービスのプロフィール、専門知識に関する発信
・依頼をするとどんなイメージの仕事ができるのか
↓SNSやホームページに掲載している実績やポートフォリオ
・どのような仕事スタンスでやってくれるのか
↓口コミや事前のコミュニケーション、対応の速さ

この事前情報があるかないかの差は大きいです。なければすべてを直接オンライン面談の際にお話ししなければならないので、かなりの労力がかかります。これがSN

S発信を推奨する理由です。

初回オンラインミーティングの準備

お問い合わせをもらった後は丁寧にやりとりをして日程調整後、オンラインミーティングで詳細をお話しする方法が主流です。Ｚｏｏｍや Google Meet などを使います。

もし、まだオンラインミーティングにあまり慣れていないようでしたら、一度自分がどんなふうに映っているか話し方や見え方を録画してみたり、第三者に見てもらったりすることをおすすめします。

初回オンラインミーティングの流れ

興味を持ってくださっているお客様が、ご契約をしてくださるかどうかはオンラインミーティングのリードにかかっています。お客様との信頼関係を築くミーティングのテッパンの流れがありますのでお伝えします。

①**感謝**

時間を作ってくださったことへの感謝を伝えます。

コメント例：「本日はミーティングのお時間をいただきありがとうございます」

②**自己紹介**

自分の活動内容や専門分野を簡潔に伝えます。

コメント例：「私は、株式会社リモラボの小森と申します。現在は法人やインフルエンサーに向けてSNSマーケティングのサポートを行っております」

③**目的のすり合わせ**

ミーティングの目的を改めて確認します。

コメント例：「本日は事前にお問い合わせいただいていた、SNS運用代行についてのご相談ということでよろしいでしょうか？」

④**ヒアリング**

現状把握をした上で理想の状態を聞きます。

コメント例：「新サービスのリリースに伴ってSNSアカウントを新しく開設される予定なのですね」

⑤ **理想の言語化**

ヒアリング内容をもとに課題が解決した先の理想を言語化します。

コメント例：「サービスを検討しているお客様がＳＮＳを見ることで安心して利用していただけるようにしたいのですね」

⑥ **最悪の想定**

課題が解決しなかった先の未来を言語化します。

コメント例：「もしＳＮＳ発信がなかった場合、せっかく興味を持ってくださったお客様を取りこぼしてしまう可能性がありますよね」

⑦ **解決策の提案**

課題を解決する手段を提示し、自分ができることを示します。

コメント例：「安心材料となる発信を定期的にすることが効果的です。定期的な発信を行うために、投稿作成をお手伝いすることができます。具体的には〜」

⑧ **質疑応答**

お客様の疑問点を解消します。

コメント例：「ここまでのお話の中でご不明点はございますか？」

⑨ クロージング

契約、検討または見送りの対応をします。

コメント例：「もし開始されるとしたら、いつからでお考えでしょうか？」

⑩ 次のアクションのご案内

契約案内または次回の日程調整をします。

コメント例：「それでは早速お手続きについてご案内いたします」

「ご検討いただけるとのことありがとうございます。ご返答のタイミングをお伺いしてもよろしいでしょうか？」

ここまでの流れをだいたい30分から1時間で行います。もちろん相手によって流れが違ったり人となりを見るための雑談がほしかったりするので臨機応変な対応が必要です。あくまで自分らしく自分の口調で。事前に流れの準備ができていたら、あとはそちらに沿って進めるだけです。しかも、慣れないうちはこの流れをパソコンの画面などに表示して見ながら進めることができるのです。対面だとなかなか難しいのですが、オンラインだからこその利点ですね。

また、ここで勘のいい方は④〜⑦の流れが自己分析でやったことと似ていると気づいたのではないでしょうか？ その通りです。自分の現状と理想を考えたのと同じ手順で、今度はお客様の現状と理想と必要なタスクを引き出して導いていく感覚です。自己分析がしっかりできていれば、ここで活かすことができます。

しかし、この流れで１００％成約に導かれるわけではありません。クライアントによっては見送られる場合もあります。でも、その度に落ち込む必要はありません。ご提案のゴールは成功か失敗かの２択ではなく、私は次の３択だと考えているからです。

① 契約

契約ができたらやはりうれしいですね。**次回以降の参考にするためになぜ即決してくださったのかも聞いておきましょう。**

② 検討

即決ができない理由を伺い、次回の提案までに改善点があれば取り入れます。

③ 見送られた場合

理由を伺い、次回の提案までに改善点があれば取り入れます。半年後、１年後にお客様になる可能性も見据えて信頼関係を構築しておきましょう。自分の存在を必要なときに思い出していただけるように、SNSをフォローしていただくなども効果的です。**私は必ずこの3つのいずれかに着地させるので、どのパターンでも狙い通りの目的達成となります。**全く気づきがなく、成果もないオンラインミーティングなどはないと言えるでしょう。

やれること、やれないことを示す「期待値調整」を行う

面談のときに注意しておきたい点として1つ、期待値調整があります。初期の私は仕事をいただけることがうれしくて、あまり考えずに「できます」「やります」と答えてしまう癖がありました。するとやる気があると見込んでいただけるのはいいのですが、お客様に過剰に期待をさせてしまい、「あれ、これ全部やってくれるんじゃなかったっけ?」とかえって失望させてしまったという経験があります。

それからは、期待値調整をすることを覚え、できる範囲とできない範囲を明確に口頭と書面の両方で伝えるようにしました。またお客様の方で事前にご準備いただくものがあれば、そちらについてもあらかじめお伝えすることで、かかる手間や工数を事

前にお知らせすることができます。

契約書類に必要な項目

契約の際、契約書や請求書になにを書けばよいのかわからないという方も多いため、こちらも参考にしてみてください。トラブルから身を守るためにも、契約書類なしで業務にとりかかることがないようにしましょう。

契約書・請求書の雛形

業務委託契約書

誰と誰が

株式会社○○（以下「甲」という）と、○○（以下「乙」という）は、甲が乙に対し、業務を委託し、乙がこれを遂行することに関し、以下のとおり契約を締結する。

第1条（契約の目的）
甲は乙に対し、以下に定める業務を委託し、乙はこれを遂行する。

何をどれくらい

第2条（業務内容）
1. ○○○○○○○○○○○○
2. ○○○○○○○○○○○○
3. ○○○○○○○○○○○○

第3条（報酬と支払い条件）

いくらで

報酬金額：○○○○○円
支払い方法：乙指定の口座に振り込むことによって支払う
　銀行名　　○○銀行
　支店名　　○○支店
　口座番号　普通１２３４５６７
　口座名義　○○○○

第4条（契約期間）

いつまで

○○○○年○○月○○日から○ヶ月間とし、甲乙いずれかから契約満了の○ヶ月前までに申し出がない限り、同一条件で○ヶ月ごとの自動更新とする。

第5条（秘密保持）
乙は、業務遂行にあたり知り得た甲の業務情報および顧客情報等を厳重に取り扱い、第三者に漏洩してはならない。

第6条（契約解除）
1. 甲または乙が本契約内容を遵守しない場合、相手方は本契約を即時解除できる。
2. 契約解除時、乙は既に提供した業務に対する報酬を請求する権利を有する。

第7条（著作権）

請求書

相手の情報

株式会社○○　御中
〒○○○-○○○○
○○県○○市○○町１－２－３
○○ビル４階

自分の情報
（登録番号もあれば）

発行日：○○○○年○○月○○日
請求書番号：○○○○
登録番号：T1234567891234
〒○○○-○○○○
○○県○○市○○町７８－９
○○ ○○（屋号・氏名）

金額

ご請求金額	○○○○○円（税込）

内容	単価	数量	小計
○○○○○○○○○○○○	○○○○	○○	○○○○○
		合計	○○○○○

期日

お支払期限	○○○○年○○月○○日

振込先情報

お振込先
銀行名　○○銀行　　支店名　○○支店
口座番号　普通１２３４５６７　　口座名義　○○○○

備考
平素よりお世話になっております。
恐れ入りますが、お振込にかかる手数料はお客様のご負担とさせていただきます。
ご不明点等ございましたら、いつでもご連絡ください。

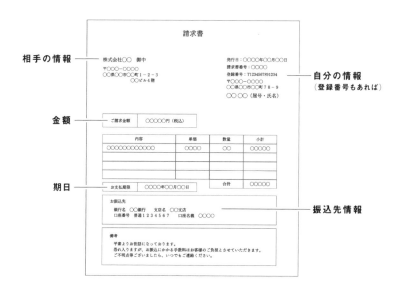

一度きりにならない仕事をするために

仕事を獲得したあとは、キャリアアップも見据えて実際にお仕事で満足していただく必要があります。そのためのポイントをいくつか解説します。

クライアントとのやりとり

ご契約後はなるべくお客様が一番連絡しやすいチャットツールでやりとりを進めるようにします。メール、Slack、Chat Work、LINEなどの手段がありますのでひと通り使ってみて慣れておくといいでしょう。

連絡や報告の頻度は相手やプロジェクトによって異なりますが、目的はお客様が安心して本来の目的を達成できることです。**一番やってはいけないのは心配をさせてしまうことです。チャットだと顔が見えないため、相手の気持ちを想像する力が必要です。**

「この件はどうなっていますか?」「いつまでにできますか?」と相手から言われる前に自ら「○日までに～を送らせていただく形でもよろしいでしょうか?」と予定を伝え、承認を取りながら進めていく方法がおすすめです。**私の場合はミーティング内で仕事のフローとタスクごとの期日を決めてしまい、チャットでは確認のみにするようにしています。**その方がチャットのやりとりが少なくなり、お互いのコミュニケーションコストが減ります。

フィードバックは自分からもらいにいく

取引先の会社にとって自分は一取引先として見られるので、社員と違って育てるという感覚はありません。そのため、今自分の仕事がどのように評価されているのかは直接聞くしかありません。

もし満足してもらえていないとしたら、「今月末までの契約でいいよ」「ありがとうございました」と、特に理由を告げられず終了するケースが通常です。ほとんどの企業はフリーランスの採用で面倒なトラブルを起こしたくないと考えています。

そのため定期的に相手の温度感を把握しに行く必要があります。具体的には、「今後のために率直に伺いたいのですが、こちらの案について100点満点中何点だとお考えでしょうか?」「あとどのような要素があれば100点満点に近づきそうですか?」などと具体的に自ら評価をもらいに行きます。

すると、相手も答えやすいので明確に伝えてもらえますし、仕事が最初から完璧でなくてもその積極性が良い評価に繋がります。

収入を増やすならスピードと質を見直そう

複数の案件を同時に請けるようになると、**さらに収入を上げたくても一定のラインで時間がない問題が再度発生します。**しかし、ここで天井を感じてしまうのはもったいないことです。次の2つの方法を交互に行って改善を図ってみてください。

仕事のスピードを上げる

仕事のスピードを上げれば、今までと同じ時間で倍のことができるようになり、当然、倍の仕事ができるようになるので収入も上がります。そのために、タイピングが遅いと感じたら、「寿司打」などのタイピング練習サイトで練習しましょう。作業そのものが遅いと感じたらタイマーで時間を測ってみるのもおすすめです。
また、生成ＡＩを補助的に使って手が止まる時間を減らすことでもスピードアップが可能です。この方法で、実際にこれまで２時間で行っていた作業を30分で終えられるようになったという人がいます。

仕事の質を上げる

スピードを上げることができたら、それに伴ってたくさんの仕事量をこなせるようになります。**量をこなせば、コツが身について質も上がっていきます。質が上がると主に３つのことができるようになります。**

１つ目はできることが増えます。気づける視点や引き出しが増え、お客様の負担を減らすことができたり成果に繋げたりすることができるようになります。コストカットや売り上げアップに繋がるため、その分単価を上げてもらえるケースもあります。

２つ目はレイヤーが上がります。これまで作業のみを任されていたけれど、教育担当やチームのディレクションまで任されるようになるケースがあります。すると責任の範囲が広がるためこちらも単価アップに繋がります。

同じ時間働いたとしても時給が1000円と2000円では大きく違います。質を上げて徐々に単価を上げられれば、時給換算したときの単価に大きな差が出るので、満足度を上げて単価アップを狙っていきましょう。

3つ目は、希少価値が上がります。極端な話、日本で唯一の実績を持つプロになれば、それだけ希少価値が上がり単価が上がります。

そのためには自分の専門性（ハードスキル）を掛け算します。たとえば100人に1人の希少性のSNS運用代行と100人に1人の希少性の動画編集のスキルを掛け算すると1万人に1人の逸材になれるのです。

こうして希少価値を上げていくと、安定して仕事が止まないフリーランスになっていけます。

さらにキャリアアップするなら学び続けよう

キャリアアップは必ずしもしなければならないわけではありません。現状維持を希望する人、時期によって仕事量を減らしたい人など状況はさまざまです。

しかし**収入を上げたい、仕事のやりがいを増やしたいと考える人はキャリアアップを戦略的に考える必要があります。**ここでは、キャリアアップできる人とできない人の分かれ道について、いくつかの観点からお伝えします。

自己投資

キャリアアップをする人は常に自己投資をしています。世の中の需要や業界のトレンドを追いかけ、さらに仕事の質の向上を目指しています。得た収入の中から予算を立てて自己投資にまわし、顧客満足度を上げて仕事依頼を継続的に受け、収入に繋げていくという仕事循環を生み出しています。

一方で**キャリアアップしない人は、自分の能力に満足し、新しい学びを取り入れていません。**収入の中から自己投資に費用を割くことをもったいないと感じる傾向にあり、仕事循環が停滞してしまいます。

目先のお仕事だけでなく長期にわたって仕事を続けていくためには自分をアップデートし続けて顧客の信頼を勝ちとる必要があります。

キャリアに対する考え方

キャリアアップを果たす人は現在の専門性を長期でどう伸ばしていくかを考えます。**実績は年数を重ねれば足し算や掛け算の要領でより大きなものになるからです。**たとえば、SNSの運用代行の場合、Instagramの運用を行った件数を足し算していくこともできますし、InstagramだけでなくXやTikTokの運用経験も作れば、掛け算になって複数媒体で総合的なサポートを提供することもできるようになります。

キャリアアップができない方は、目の前の案件で視界がいっぱいになりがちです。疲弊して長く続かないので、隣の芝が青く見えてしまい、せっかく積み上げはじめたお仕事を辞めてしまう人もいます。しかし、その癖がついてしまうと、その後なにをはじめても短期で終わってしまうでしょう。**ここは諦めずに、「長期目線」でのキャリアアップをぜひ目指していただきたいです。**

ロールモデルとの交流

キャリアアップができる人は常にその専門分野で活躍しているロールモデルを参考にしています。その人から常に情報を得て仕事に役立てているのです。**その業界のトッププレイヤーとの交流を持つことで、情報を得られるだけでなく一緒に仕事をする機会に恵まれることもあります。**いつも高い視座を保ち続けるためにも、繋がりを持っておくといいでしょう。

「他の人からはもう学ぶことはない」と今の自分に満足してしまうと、どこかで市場とのズレが生じてしまって、気づかないうちに仕事が減ってしまうということも起こります。**会社とは違って上司や先輩がいないからこそ、ロールモデルの存在が重要なのです。**

周りに気軽に相談できるロールモデルが見つからない場合はスクールやコミュニティに参加することでも解決できます。

私が運営する『リモラボ』でも毎週現役のトッププレイヤーから話を聞けて、質問や相談ができる場を多数設けています。自分で質問することもできれば、他の人の質問を聞くこともできるので、毎回新たな気づきがあるような仕組みにしています。

目指す月収はどこ？
月5万〜100万円の道

どれくらいの月収を目指したいかをイメージしておくことは、フリーランスのキャリアアップにおいて不可欠です。なぜなら、**フリーランスの収入には上限がないからです。**会社では勤続年数が上がるとともに、昇給が年に1度あるかどうかだと思いますが、フリーランスでは自分が目指す収入や収入増のスピードを自分で決めることができます。そのため、1年で月収100万円以上を実現する人もいれば、2年かけて月収30万円を実現する人もいてそれぞれです。そのときの具体的な生活をイメージしておくと、より目指す意欲が高まります。

月収5万円

仕事のイメージ：

兼業フリーランスとしてのスタート。**小規模のプロジェクトや単発の仕事を獲得しはじめるとすぐに到達できます。**

生活のイメージ：

扶養内としての収入なら十分。だがメインの収入源としては足りないため、本業や他のアルバイトとのバランスをとりながら時間を見つけて仕事をする必要がある。スキルアップをしながら次のステップを目指す準備期間としての副収入的扱い。

月収10万円

仕事のイメージ：

定期的なクライアントを少しずつ獲得。Ｗｅｂデザイン、ＳＮＳアカウントの管理、定期的なコンテンツ制作など、専門性が求められる小規模プロジェクトが増える。**案件数が増加すれば、将来的にさらに収入を伸ばすことも期待できる。**

生活のイメージ：
兼業フリーランスとしては安定するが、主な収入源とするにはまだ厳しい。仕事のバランスと生活費の管理が重要になる。生活費の増加や予想外の出費にも備えておく必要がある。

月収30万円

仕事のイメージ：
プロとしての地位を確立しつつある段階。中規模のプロジェクト、専門スキルを活かした仕事が増える。**新規クライアントからの依頼も増え、リピート案件も多くなる。継続的なスキルアップが、さらに高単価な仕事に繋がる。**
生活のイメージ：
フリーランスの収入だけで生活が可能に。仕事の量が増え、時間管理と効率化が必要に。プライベートの時間も大切にしつつ、安定した生活を築く。新たな趣味や健康管理にも時間を割けるようになる。

月収50万円

仕事のイメージ：

高い専門性を活かし、大規模プロジェクトや重要なクライアントからの信頼を得る。**マネジメントスキルも必要とされ、この時期からチーム作りやメンバーの増員を考える人が多い。**業界内での評判も高まり、新規案件の獲得が容易になる一方で、クオリティ維持のプレッシャーも増す。

生活のイメージ：

経済的な余裕が生まれ、生活の質が向上。しかし、プロジェクトの規模が大きくなるにつれて、ストレス管理も重要に。自己投資にも余裕が生まれ、さらなるキャリアアップを目指せるようになる。リラックスや趣味に時間を使い、心身のバランスを保つことが鍵となる。

月収100万円

仕事のイメージ：

フリーランスとして高い評価を受け、大企業からの依頼や大型プロジェクトをチームで手がける。**ビジネスの拡大や自身のブランド構築にも力を入れる時期。**新しいビジネスモデルの展開や、他業種とのコラボレーションも視野に入れることが可能になり、さらなる成長のチャンスを掴む。

生活のイメージ：

経済的に安定し、趣味や家族との時間にもかなり余裕を持って投資できる。しかし、高収入に見合った高い責任とプレッシャーが伴う。賢い資産管理とバランスのとれたライフスタイルが求められる。さらに、自己成長や学びに時間を投資し、人生全体の充実を図ることが重要になる。

これはあくまで一例で、一概にお伝えした通りにはならないですし、必ずしも収入だけが理想を作る要素ではありませんが、だいたいこのようにイメージしておくとご自身のキャリアデザインの選択肢が広がります。

では、第3章では実際にさまざまなライフスタイルの経験者の事例をご紹介していきます。ぜひ参考にしてみてください。

Check List

- [ ] 実績を作る
- [ ] クラウドソーシングサービスに登録する
- [ ] SNSのアカウントを作る
- [ ] SNSで自分の仕事にまつわる発信をする
- [ ] 知り合いから仕事を紹介してもらう
- [ ] オンライン面談で契約までの流れを経験する
- [ ] 契約書と請求書を用意する
- [ ] お客様が使いやすいチャットツールでやり取りをする
- [ ] 仕事のスピードを上げる
- [ ] 仕事の質を上げる
- [ ] 自己投資をし続ける
- [ ] トッププレイヤーのロールモデルとの接点を持つ
- [ ] キャリアアップ戦略を立てる

第3章

理想の働き方を実現した20人のリアルな経験談

正しいロールモデルの作り方

誰しも自分にとって完璧にお手本になるような人物＝ロールモデルはいません。
そのため、ロールモデルは必ずしも1人である必要はありません。

世の中にはたった1人の成功者を崇拝するような起業コミュニティなどもあります
が、私はロールモデルを1人に絞ることをあまりおすすめしていません。
むしろたった1人を目指して視野が狭くなってしまうより、複数の人から良い要素
を少しずつ取り入れることで、独自のロールモデルを作るのが理想です。

たとえば、「仕事のスキルはAさんから学びたい」「ライフスタイルはBさんを参考

にしたい」「前向きな考え方は推しの芸能人の〇〇さんのようでありたい」……そんなふうに、さまざまな人の素晴らしい要素を自分なりに組み合わせていくのです。

こうすることで、他人の良いところをたくさん吸収して刺激をもらいつつ、自分自身のオリジナリティを保つことができます。

これからご紹介する20名の経験談の中にも、働き方・生き方・考え方などさまざまなヒントがあるかと思います。それぞれのエピソードを読みながら、良いと思った要素はぜひメモを取って記録してみてください。

あなたの理想の状態をさらに明確にイメージするために役に立つはずです。

また、1人ひとりのリアルな心情の変化にもぜひ注目してみてください。

01

元専業主婦　転勤
ママ

ブランクのある元専業主婦がマーケターへ転身

インスタ運用代行
さおりさん

キャリアコンプレックスを克服！　SNSで安定収入

小学2年生と年長児の2人の子育てをしながら、法人向けにインスタ運用代行&コンサルティング、企業のマーケティング支援、講師の3分野で仕事をしています。

私は**会社員として働いていましたが結婚後、夫の転勤をきっかけに専業主婦になり、その後フリーランスになりました。**しばらくはパートと変わらないほどの収入で疲弊していましたが、スクールに参加して働き方が一変。収入が増えただけでなく、キャリアアップや自己実現を達成することができました。多くの喜びを感じながら充実した日々を送っています。

夫の転勤を機に会社員を辞めた私は5年間の専業主婦生活の後、フリーランスとして再び働きはじめることに。パソコンや事務処理のスキルを活かし、人事系、ECサイト運用、マーケティングなどの業務を経験しました。在宅で働けるメリットはありましたが時給制のため、**子どもとの時間や睡眠時間を削って働いてもパート勤務と**

	Before	After
仕事	フリーランス	インスタ運用代行、企業のマーケティング支援、スクール講師
スキル	PCスキル、事務スキル、接客スキル	マネジメントスキル、マーケティングスキル、SNS運用スキル、コンサルティングスキル
収入	月収10万円前後	半年で月収30万円 1年で月収80〜100万円

変わらない収入。家事も回らず家は荒れっぱなしで、夫から「この働き方は賛成できない」と言われていました。

私は世間でいうところの「いい高校」「いい大学」を卒業して優良企業に就職して……と、順調にキャリアを積んできたつもりでした。**でも、結婚後に私のキャリアは断たれてしまった……と感じました。**「もっと働きたい」と思ったものの、転勤や子育てのことを考えるとパート勤務という選択肢しか見えませんでした。

そんな中、なんとなくインスタを眺めていて「SNSを仕事にする」という働き方があることを知りました。そして、その情報を発信していたスクールのオンライン勉強会に参加。「今の私に必要なのはこれだ！」と思いスクールへの参加を決めました。

マーケティングスキルを身につけることでクライアントの成果に貢献できるようになり、お仕事の依頼が止まらなくなりました。

スクールに参加してからしばらくは、インスタの運用代行をメインに働いていましたが、現在はインスタ運用代行とともにコンサルティングや企業のマーケティング文援、講師としても活動しています。**すでに習得していたスキルに加え、マネジメント**

スキルなども身につけて実績を積んだことで、収入を会社員時代の3倍にまで増やすことができました！ アルバイトやパート勤務などの給与体系とは違い、フリーランスの収入は天井がない世界だということを実感しています。頑張れば頑張るほど結果として返ってくるのはとても魅力的ですね。**時間単価が上がったために働く時間もかえって少なくてすむようになったこともうれしいことでした。**

でも、**一番良かったと思うのは、毎日新しいことに挑戦しながらキャリアアップできている手応えが感じられることです。**これは以前の働き方からは想像もできなかった感覚です。

さおりさんの人生のグラフ

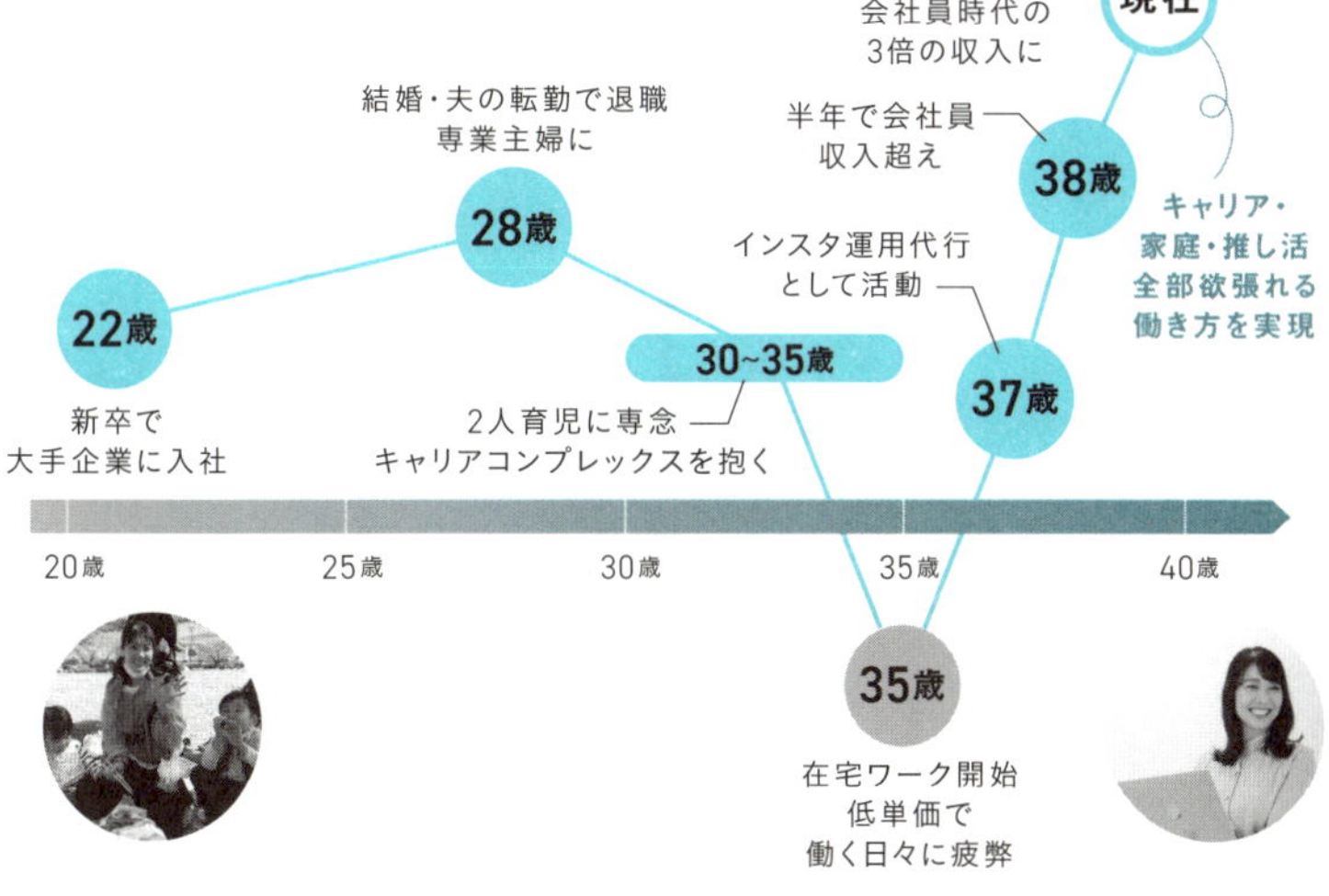
現在
仕事の幅が広がり、

ライフスタイルの面でも変化がありました。

かつての専業主婦時代に感じていた経済的な負い目から解放されて、今では「子どもたちの可能性を広げるために働いている」と胸を張って言えるようになりました。**収入が増えたので子どもたちの習い事や家族旅行にもお金を惜しまず使えるようになって、趣味の推し活にも以前より多く参加できています。**

私にとって**最大の喜びは、一度諦めたキャリアを再度築き、人の役に立てる仕事で自立できていること。パソコンとスマートフォンさえあれば、どこでも仕事ができるという自由を手に入れて、まるで第2の人生を歩んでいるような感覚を味わっています。**

私の今後の目標は、マーケターとしてトップレベルになるということ。同時に、現在の充実したライフスタイルをさらに向上させることです。

今より上のフェーズを目指すことで、市場価値を高めて社会に貢献し、家族との時間や自分のための時間をさらに充実させていきたいと思っています。

あなたへのメッセージ

5年間専業主婦だった私でさえ、キャリアアップすることができました。一度きりの人生。まずは働き方や可能性を知ることからはじめてみてください。**「私には無理」ではなく「私にもできるかも?」という視点で、ぜひチャレンジしてください!**

さおりさんの一日(イメージ)

	スケジュール
6:30	・起床
8:30	・子どもの幼稚園送り
9:00	・クライアントワークor プライベートの用事
12:00	・昼食
13:00	・クライアントワーク
15:00	・週2回子どもの習い事送迎
17:00	・子どもの幼稚園お迎え
19:00	・夕食
21:00	・MTG、スキルアップ学習
24:00	・就寝

02

元会社員　独立　旅行好き

憂鬱な会社員生活思い切って退職し見つけた天職

インスタ運用代行・プロジェクトマネージャー　めぐさん

11年のキャリアを手放しプロマーケターへ

個人事業主の方や企業のインスタ運用が主な仕事です。ときにはXの運用、動画やチラシの作成など、なんでも引き受けて集客サポートをしています。

11年間の会社員キャリアを手放し、独立するという決断をしました。今では好きな時間に起き、好きな仕事を目一杯楽しみ、夜は夫とくつろぐ自由な暮らしを手に入れることができました。

以前は物流関係の会社で正社員として働いていました。事務部門に配属されたのですが、**実は私はマニュアルを守ったルーティンワークが向いていないタイプ。叱られることが多く、気づけば〝できない人〟というレッテルを貼られていました。**

その後、異動したマーケティング部門では、チラシのデザインやブログの作成などをしていました。しかし、その会社は社風が体育会系でいつも誰かが叱られている状態でした。仕事へのモチベーションが下がる一方で、

	Before	After
仕事	会社員	インスタ運用代行、マーケティング業務、プロジェクトマネージャー、カスタマーサクセス
スキル	PCスキル、事務スキル、営業スキル、接客スキル、マーケティングスキル	マネジメントスキル、SNS運用スキル、コンサルティングスキル
収入	月収30～35万円ぐらい（残業代で稼いでいた）	月収60～80万円（最高月収100万円）

だんだん出社するのが苦しくなっていきました。

役職がついたものの、会社から要求されるものが大きくなる環境もまたしんどさを加速させました。そのころは、収入のためだけに働く状態でしたね。

30歳を過ぎたころ、友人知人の中から、起業して経営者になったり、飲食店を開業したりと、自分の好きなことで収入を得る人が現れはじめました。「いつかは私もそうなれたらな…」と思うものの、私には特に資格や特技があるわけでもないので無理な話だと決めつけていました。

そんな中、インスタグラムで知ったのが、フリーランスでのリモートワークという働き方です。自分らしく働くことができる働き方に可能性を感じ、勉強しようと決めました。

勤務していた会社は副業禁止だったため、フリーランスになるには退職しなくてはいけません。11年のキャリアを手放して環境を変えるのは勇気がいりましたが、思い切って退職届を提出。そして有給休暇の消化期間を含めた退職までの期間に猛勉強！有給休暇を使い切るころ、インスタ運用代行として初めての案件を獲得することができました。

会社員時代と異なり、フリーランスは自分で自分の舵取りをしなくてはいけません。**成果を上げるためにベストな方法を考え、トラブルが起こったら優先順位をつけて動くなど、今はなにが重要かという観点で物事を考えられるようになりました。**

現在はクライアントの要望により柔軟に対応できるよう、メンバーを巻き込みながらチーム力を上げていくプロジェクトマネジメントのスキルを磨いています。

私にとって大事なことは自分のスキルアップと、並走してくれる仲間です。そこに主軸を置くことで、働くことの楽しさや心の安心度が変わりました。

めぐさんの人生のグラフ

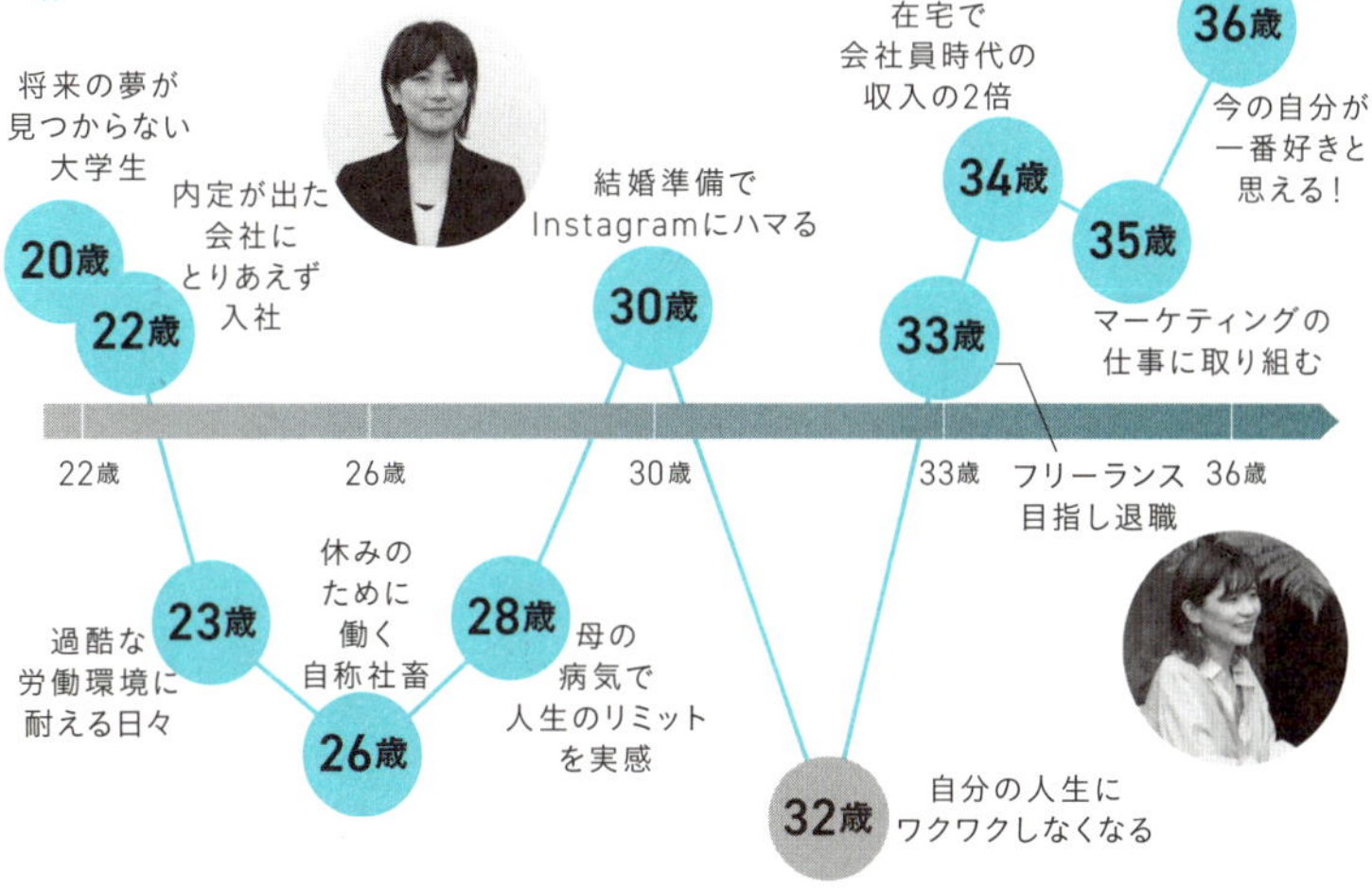
将来の夢が見つからない大学生
20歳
22歳
内定が出た会社にとりあえず入社
23歳
過酷な労働環境に耐える日々
26歳
休みのために働く自称社畜
28歳
母の病気で人生のリミットを実感
30歳
結婚準備でInstagramにハマる
32歳
自分の人生にワクワクしなくなる
33歳
フリーランス目指し退職
34歳
在宅で会社員時代の収入の2倍
35歳
マーケティングの仕事に取り組む
36歳
今の自分が一番好きと思える！
22歳
26歳
30歳
33歳
36歳

その日の気分で予定を決められるフリーランスは、ルーティンワークが苦手な私にぴったりな働き方。**場所や時間を選ばず働けるので、会いたい人に会いに行ったり、平日のランチや美容院、趣味のライブも日程で諦めずに参加できるようになりました。収入は会社員時代の2倍以上になったので、惜しみなく自己投資ができるのもうれしい変化です。**

いい意味で仕事とプライベートの境界線もなくなりました。遊びから帰った後もパソコンの前に座れば仕事スイッチが入りますし、外にいるときにはインスタのネタを探すアンテナが立っています。**毎週月曜日にオンオフを極端に切り替える必要がないのが、私にとってはとても楽です。**

今後の目標は、企業からマーケティングをまるごと任せてもらえるようなマーケターになること。「ずっとめぐさんにお願いしたい」と言っていただける人材になりたいです。

プライベートでは海外旅行に行ったり、趣味だったピアノを再開したいです。親孝行もたっぷりできるので、家族がピンチのときには、フットワーク軽く駆けつけたいです。

めぐさんの一日（イメージ）

	スケジュール
8:00	・起床
8:30	・朝活
9:00	・支度（着替えなど）
9:30	・作業・クライアントワーク
12:00	・お昼ごはん
12:30	・作業・クライアントワーク
15:00	・カフェに移動して作業
19:30	・買い物・夕飯支度
20:30	・家族と夕飯・テレビ
22:00	・お風呂
22:30	・気が済むまで作業
1:00	・まったりタイム&就寝

あなたへのメッセージ

自分が本当にしたい生き方を紙に書いてみてください。ちょっとわがまま気味に書くのがコツです。その内容にワクワクできたら、それが頑張る原動力に！　人生のハンドルを自分で握る女性が、もっと増えたらいいなと心から願っています。

03

元受付　元ニート　プレママ

1年で月収7桁 ニートから一転 大活躍デザイナー

デザイナー
ほのかさん

将来の不安解消！　妊娠中も柔軟に働ける人生

鹿児島県でフリーランスとしてWebやグラフィックのデザイナーとしての活動と、SNSマーケティング講師、コンサルタントをしています。

3年前、『リモラボ』との出会いをきっかけに、Webデザイン未経験から独立して1年で月収7桁を達成。そこからさらに仕事の幅を広げました。今は妊娠中ですが、妊娠中でも仕事を続けられる働き方を手に入れた経験を活かして、働き方を変えたい女性へ向けて発信しています。

フリーランスになる前は、英会話スクールで2年間、受付の仕事をしていました。人間関係には恵まれていましたが、夜10時過ぎまでの勤務や終電ギリギリの帰宅が続き、将来、結婚や子育てと両立できる仕事だとは思えず、不安でした。コロナ禍に体調を崩したのですが、そのときも「このままの働き方では限界が来る」と痛感しました。

そこで「もっと柔軟に働くためにスキルを身につけた

	Before	After
仕事	会社員	インスタ運用代行、コンサル、バックオフィス業務、デザイナー、企業の広告CRディレクター、SNS講師
スキル	事務スキル、営業スキル	デザインスキル、接客スキル、マネジメントスキル、マーケティングスキル、SNS運用スキル、コンサルティングスキル
収入	月収20万円 退職後は2ヶ月ニートで収入ゼロ	1ヶ月目5万円、2ヶ月目10万円、 3ヶ月目25万円（会社員超え）、 半年後60万円、1年後100万円

い」と考えはじめました。

しかし、私が経験してきたのは接客や営業職だけで、強みといえばコミュニケーション能力があることぐらいしか思い浮かびません。転職エージェントにマーケティングや企画職希望で登録しましたが、紹介されるのは営業職だけでした。

将来のキャリアに不安を感じる日々。「このままじゃいけない。新しいスキルを身につけなければ」という思いでデザインスクールに通いはじめたのですが、内容が難しくて3ヶ月で挫折、しかたなく実家に戻りました。

ニート状態の中、貯金も底をつき、将来への不安は増すばかりでした。

そんな中、在宅ワークやSNSを活用した働き方に憧れ、独学でスキルを磨きながらInstagramで発信をはじめました。でも、お問い合わせの獲得方法がわからず途方に暮れていたんです。ちょうどそのとき、こもりんのInstagram添削企画に参加したところ、「あなたはなにをしている人なんですか？」と聞かれました。自分の発信が全く伝わっていないことに衝撃を受けました。私が抱えている悩みを相談する中でこもりんがスクールを立ち上げると知り、フリーランスとして成功し自由な生活を手に入れるために学ぶ決心をしました。それが私の人生を大きく変えるきっかけになりました。

　最初は低単価の仕事からはじめ、1年間は毎月5万円ずつ収入増を目指すことにしました。順調に進み3ヶ月目には24件の依頼をいただきましたが、朝から晩まで仕事漬けの毎日。**5ヶ月目で仕事量が多くなりすぎて限界を感じ、チーム化を目指そうとしましたがイメージが湧かず葛藤しました。そこでスクールで相談して状況を改善。その結果、半年後には月収60万円、1年後には7桁を達成しました。**

ほのかさんの人生のグラフ

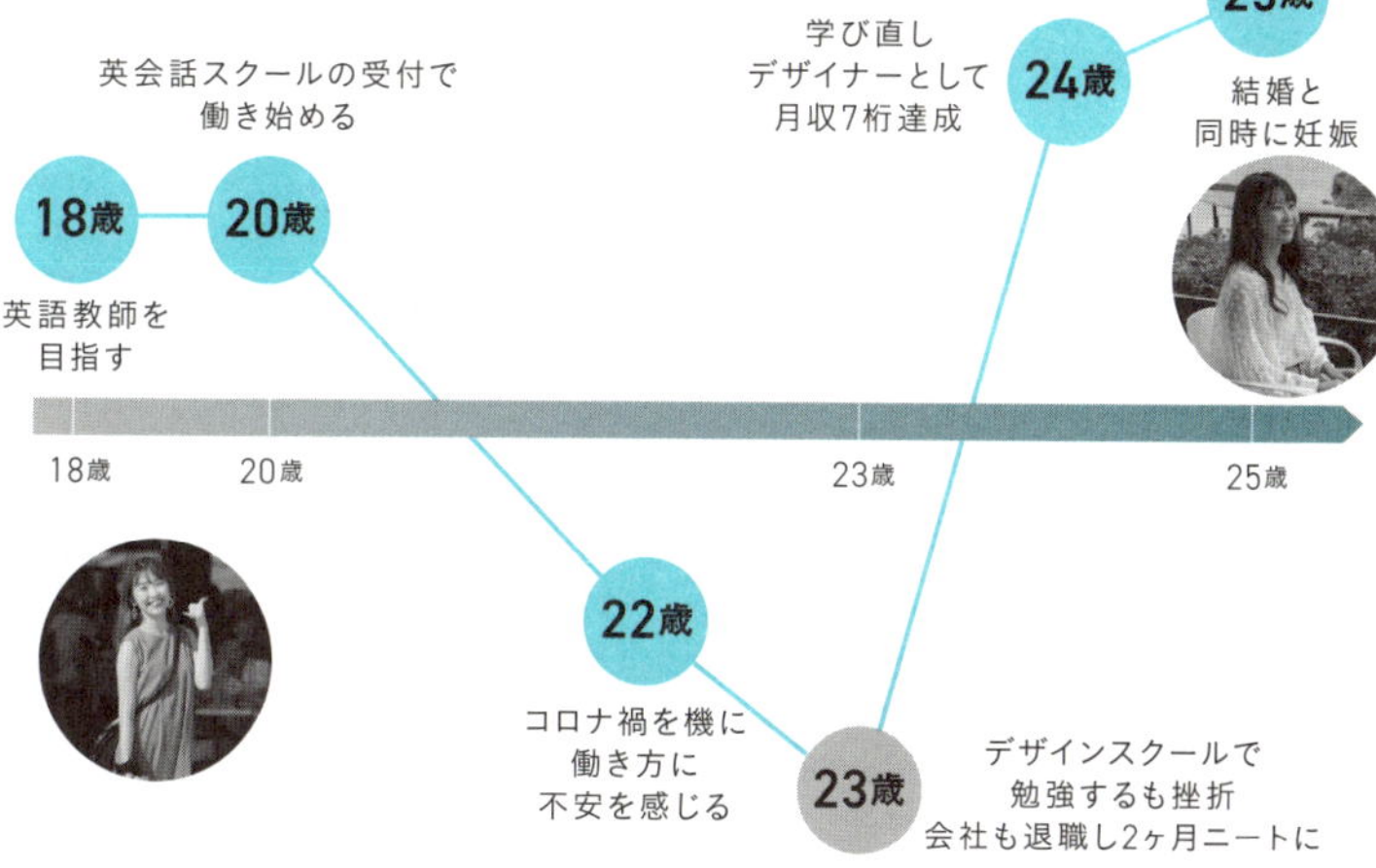
18歳
英語教師を目指す
20歳
英会話スクールの受付で働き始める
22歳
コロナ禍を機に働き方に不安を感じる
23歳
デザインスクールで勉強するも挫折
会社も退職し2ヶ月ニートに
24歳
学び直しデザイナーとして月収7桁達成
25歳
結婚と同時に妊娠
18歳
20歳
23歳
25歳

同時に立ち上げたインスタは4ヶ月半で1万人のフォロワーを獲得し、現在は3.9万人を獲得するまでに成長しました。

現在はスクールの講師業とデザイン制作をメインに行っています。**妊娠中ですが、デザイナーとしてのスキルがあるおかげで、つわりの時期も最低限の仕事を続けることができました。SNS発信に頼らない収入源があったので体調不良のときも安心して休めました。**

好きなときに旅行に行けるようにもなりました。念願だったハワイ旅行も実現。母子家庭で育った私にとって、母との旅行や一緒に過ごす時間が増えたことはとてもうれしいことです。出産後は1ヶ月ほど休む予定ですが、その後は育児と仕事の両立を目指します。**早めに働き方を変えていたからこそ、出産という人生の転換期を落ちついて迎えられたと感じています。**初めての育児に対して不安もありますが、仕事と両立しながら楽しめるよう心の余裕を持ち続けたいと思っています。

仕事についてはデザインスキルをさらに高めて、スクールの講師やSNS発信を継続していきたいです。今まで積み上げてきた経験を活かし、働き方を見直したい方たちの参考になれるよう現役で活動しながらしっかりと発信していくことを目指しています。

あなたへのメッセージ

私も最初は〝やらない理由〟を探してばかり。でも、実際にやってみると、スキルを身につけていく楽しさを実感できました。行動し続ける人たちのいる環境に身を置くことで早く成果を出すことができました。理想の働き方を実現するには、正しい方向で努力することが一番の近道でした！

ほのかさんの一日（イメージ）

	スケジュール
8:00	• 起床、朝食、家事
9:00	• クライアントワーク
12:00	• 昼食
13:00	• クライアントワーク、打ち合わせなど
15:00	• SNS投稿作成、発信
17:00	• 終業
18:30	• 夕食、お風呂
20:00	• 自由時間（勉強、引っ越しや育児の準備、家族時間、仕事）
25:00	• 就寝

04

元会社員　法人化
シングルマザー　経営者

シンママから独立　複数事業をこなす　敏腕経営者へ

オンライン秘書
田爪ゆきさん

SNSマーケティングでビジネス加速&拡大

会社を経営していて、その中でオンライン秘書として活動しています。2人の子どもを持つシングルマザーで、下の子がつい最近社会人になりました。

現在はオンライン秘書として、バックオフィス業務やマーケティング、カスタマーサポートなどのお仕事をしています。かつては会社員でしたが、家が好きでずっと家にいたいという気持ちを在宅ワークで叶え、好きな時間に起きて好きな時間に仕事をする生活を実現しました。

シングルマザーになって初めて就職しOLになりました。大嫌いな満員電車に乗って通勤する日々。3人暮らしがはじまりましたが子どもたちはまだ小さいし、私にはスキルもなにもなくて。仕事を少しずつ覚えながら、いろいろな仕事をこなしていました。本当に必死な毎日でしたね。当時の収入はギリギリ家族3人で食べていけるぐらい。保育園の待機児童が多かった時期で認可保育園に入園できず、無認可保育園に子どもたちを預けて働きに行っていました。

	Before	After
仕事	フリーランス	法人経営　オンライン秘書
スキル	PCスキル、事務スキル、営業スキル、接客スキル、マネジメントスキル	マーケティングスキル、SNS運用スキル、コンサルティングスキル
収入	独立時の収入　月3000円	7桁以上

２人分の保育料を支払ったらお給料はほとんど手元に残りません。電気を止められてしまったこともありました。でも、その時期に経済的な苦労をしたおかげで、社会保障制度や節約術を学ぶことができました。その知識は今の仕事をする上で、役に立っています。

会社員をしていたころ、リーマンショックの影響で会社の経営が立ち行かなくなり、一か八か独立を決意。**当時は、情報を知らなかったために受け取れない補助金や払いすぎた税金に気づかずに苦しむ経営者さんたちがたくさんいました。そこで、会社員時代に培った総務、経理、人事の知識と、金銭的に苦しい中で学んだ社会保障に関する知識を活かして、アドバイスや手続きのお手伝いをするようになりました。**

お手伝いをした経営者さんが別の方を紹介してくれるという流れが生まれ、少しずつ仕事の幅が広がっていきました。そのうちに、経営に関する複雑な手続きや書類作成のサポートなど、多岐にわたる業務を依頼されるようになりました。

仕事をしていく中で、ＷｅｂマーケティングやＳＮＳマーケティングを本格的に学べるスクールに出会いました。今までの人からの紹介からはじまる取引から、ＳＮＳを通じて全国に裾野を広げて、必要な企業や経営者さんに自分のサービスを届けられるようになりました。私のビジネスを大きく広げてくれた学び体験でしたね。

独立してから体を壊して入院したことがあります。ですが、療養中であまり働くことができない時期も、チームの存在とクライアントさんとの信頼関係があったので、予定変更をご理解いただき、収入もお仕事も途切れることはありませんでした。

最初はフリーランスのオンライン秘書と

田爪ゆきさんの人生のグラフ

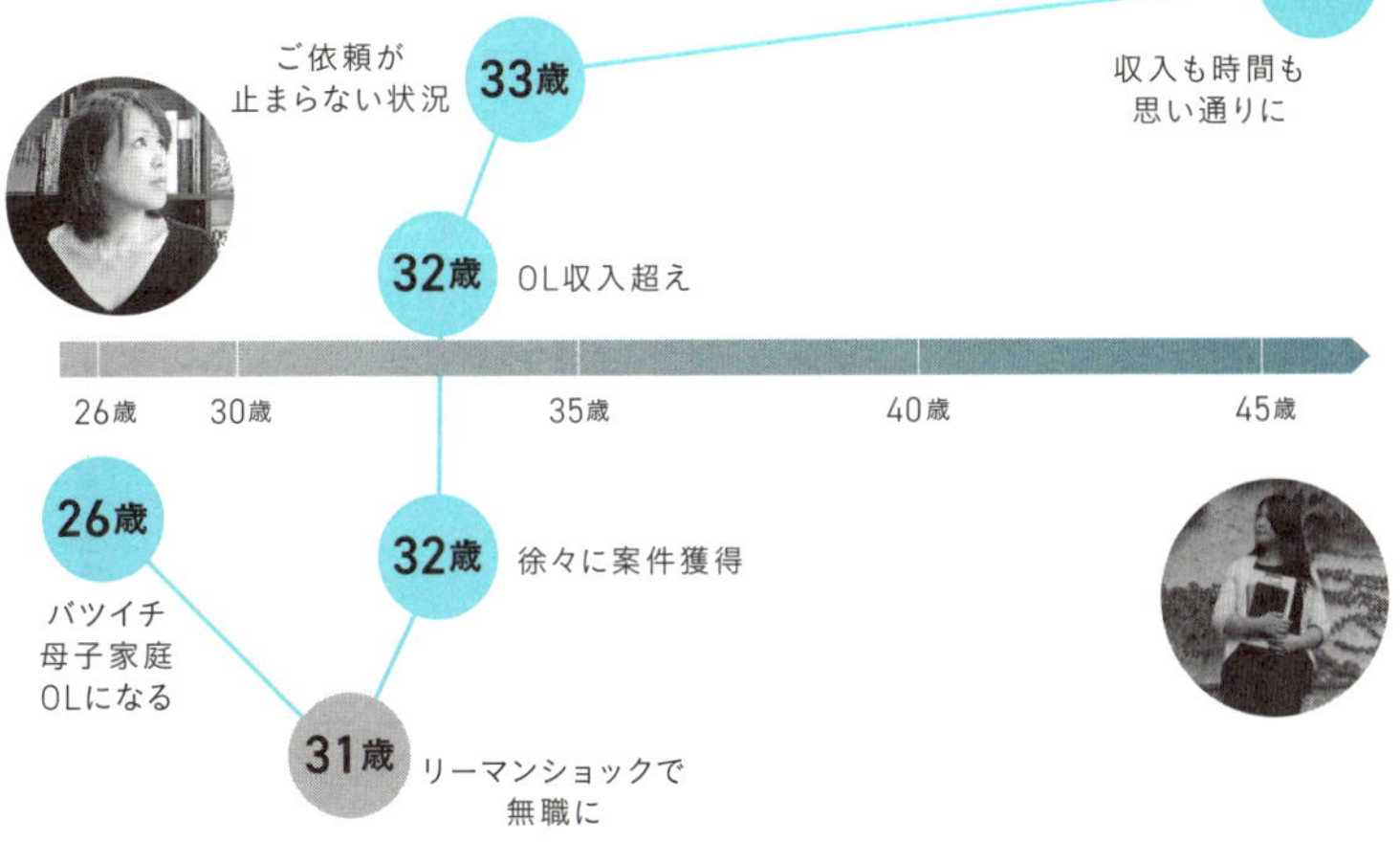
26歳
バツイチ
母子家庭
OLになる
31歳
リーマンショックで
無職に
32歳
徐々に案件獲得
32歳
OL収入超え
33歳
ご依頼が
止まらない状況
47歳
収入も時間も
思い通りに
26歳
30歳
35歳
40歳
45歳

しての独立でしたが、今は法人化し、従業員10人を抱えています。継続で取引がある会社は8社、単発では50社くらいをサポート。依頼内容は、総務や経理、財務、人事、カスタマーサポート、ＬＩＮＥの構築、会員様の管理などで、マーケティング分野は広告業務、ＳＮＳマーケティングなどです。リアルでの展示会の準備や手配、設営まで幅広くサポートしています。

今は、目覚まし時計をセットせずに好きな時間に起き、ゆっくりお茶を飲みながら届いているメッセージを確認。午後は打ち合わせを入れ、一段落したら夕飯の買い出しに行くという、公私を両立させた自由度の高い毎日を過ごしています。

世の中には、私のようにシングルマザーで働き方に困っていて、自分の理想を叶えられない女性もいますよね。そんな人に在宅ワークという働き方があるよ、と自らの背中を見せながら、一緒に働いていきたいというのが今後の目標です。プライベートでは、子育てが落ちつくので、自分が過ごしやすい場所に家を買うことを検討しています！　仕事が大好きなので次の事業を展開していきたいですね。

田爪ゆきさんの一日（イメージ）

	スケジュール
7:00	・起床
9:30	・連絡チェック
10:30	・プライベートタイム（自由時間）
11:30	・クライアントワーク
14:00	・昼食・プライベートタイム（自由時間）
16:00	・クライアントとミーティング
18:00	・買い物・夕飯
21:30	・学習
22:00	・プライベートタイム（自由時間）
24:00	・就寝

あなたへのメッセージ

オンライン秘書は最初から特別な能力がなくてもはじめられるお仕事です。経済的にも時間的にもゆとりのある人生を叶えたいと願うなら、在宅ワークという選択肢を考えてはどうでしょうか。きっと理想の生活を手に入れることができますよ。

05

元パート

4児のママ

40代からの挑戦 4人の子の母が描く 夢を叶えた物語

イラストレーター

momoさん

パートから得意を活かし人気イラストレーターに

20歳、18歳、14歳、小学2年生、4人の子育てをしながら、40代からフリーランスのイラストレーターとして新たな挑戦をはじめました。

Webマーケティングやライティングスキルを活かし、企業のSNSアカウント運用やキャラクターデザインを手がけ、チームでのマネジメント業務も担当。家族との時間を大切にしながら、時間や場所にとらわれない自由な働き方をしています。

以前は、近所のカフェで週2～4回、パートをしていました。3～5時間ほどの短い勤務時間でも、苦手なレジ業務や接客でヘトヘトに。さらに人混みが苦手なので、電車やバスを使った通勤も疲労の原因でした。空き時間で精一杯働いてもパート代は月に3～7万円ほど。**子どもたちのバイト代よりも低くて笑われてしまうことも。「頑張っているのに」と、自分は価値がない人間だと感じてしまうことすらありました。**

そんなとき、SNSで同級生が子育てをしながらイラストレーターとして活躍している姿を見たんです。

	Before	After
仕事	パート	イラスト、企業のアカウント運用、図解作成、マネジメント
スキル	PCスキル、接客スキル、イラスト	事務スキル、マネジメントスキル、マーケティングスキル、SNS運用スキル、イラスト
収入	月収3～7万円（パート週2～4回、勤務時間3～5時間）	Before収入の5～6倍

「私も好きなことを仕事にできたら」

そう思いココナラにイラストを出品してみるものの、集客はうまくいかず収入はお小遣い程度。思い描いていた未来とはかけ離れた現実に、限界を感じていました。

当時の年齢は40歳を超えたところ。年齢を意識したとき、「このまま挑戦せずに終わっていいのか？」と、自分の将来について真剣に考えるように。今までは、「失敗したくない」という思いから、小さくまとまってばかりの人生でした。でも、40代になってこの先を考えたとき、人生って意外に短いなって思ったんです。心の中では20代ぐらいから行動せずに止まっていたので、余計にそう感じましたね。

「このままの状況をぐちぐち言っている暇はない。恥をかいてでもやるべきだ！」そう決意した私は、インスタグラムやXで情報収集を開始。そこで出会ったのが現在のスクールでした。そこで学ぶうちに、「イラストレーターとして、お客様に喜んでもらえるような仕事をしたい！」という思いが強くなりました。

スクールで学習をスタートさせてから、3ヶ月ほどで初受注を獲得。その後も、口コミを活用するなど、学んだことを実践していくうちに、順調に依頼が増えていきました。**また、学習内容を図解やイラストにしてSNSでアウトプットしていたところ、お仕事依頼の声をかけていただき、現在はスクール公式キャラクターや大手企業のイラストを担当しています。収入はパート時代の5～6倍にまで増えています。**

現在は、企業のSNS運用代行やキャラクター制作などをメインに活動しています。チームのマネジメント業務も行うようになり、仕事の幅も広がりました。

以前は通勤のあるパート勤務のため、心身ともに余裕がありませんでした。朝も慌ただしく、夕方も子どもの帰宅時間に間に合わず、すれ違いになってしまうことも多かったです。**でも今は朝ゆとりを持って子**

momoさんの人生のグラフ

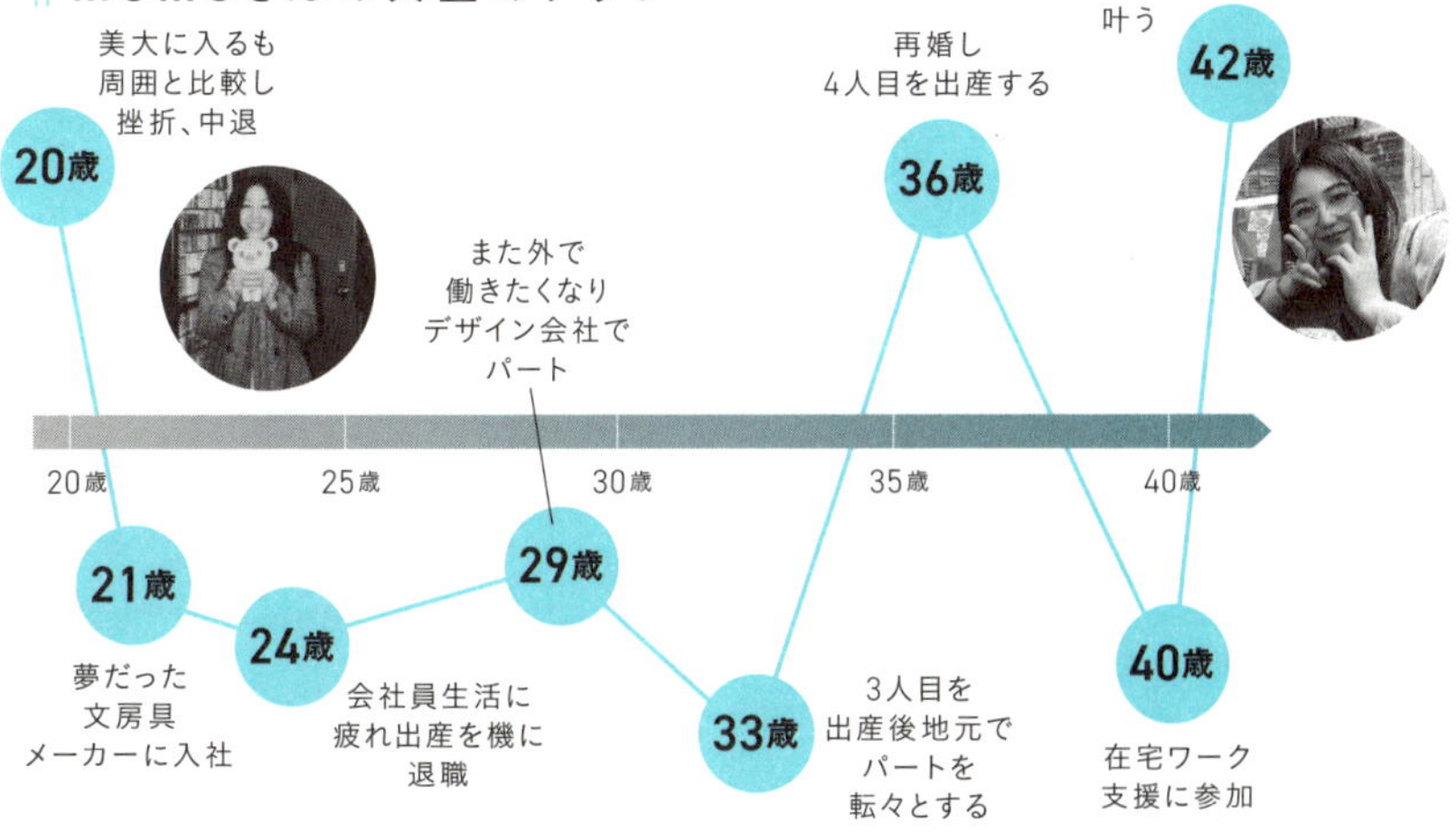
20歳
美大に入るも
周囲と比較し
挫折、中退
21歳
夢だった
文房具
メーカーに入社
24歳
会社員生活に
疲れ出産を機に
退職
29歳
また外で
働きたくなり
デザイン会社で
パート
33歳
3人目を
出産後地元で
パートを
転々とする
36歳
再婚し
4人目を出産する
40歳
在宅ワーク
支援に参加
42歳
在宅ワークが
叶う
20歳
25歳
30歳
35歳
40歳

どもたちを見送り、平日に子どもと外出したり、話をゆっくり聞いてあげられたりと、自由な時間の使い方をしています。

また以前は自分に不向きな仕事で心身共に疲弊していましたが、今は自分の得意な分野で仕事をしているのでストレスを感じることがなくなりました。金銭面でも余裕が出てきたので自分の勉強に投資したり、子どもの学費に充てたり、旅行に行くこともできるようになりました。

さらに、私の考え方がポジティブに変わったことが子どもたちにも良い影響を与えているようです。これまで学校行事などのイベントに消極的だった子どもたちが、今では「運動会、楽しみ！」「修学旅行最高だったよ！」などプラスの言葉で知らせてくれるようになりました。**母親のマインドが前向き思考に変化すると子育てでも素晴らしい効果があるんだと実感しましたね。**

今後は、自分のイラストを使って商品を制作し、より多くの人に癒やしを与えられるような活動をしていきたいと思っています。

あなたへのメッセージ

年齢は関係ありません！　挑戦する人に未来は開けます。現状を変えたいなら勇気を出してまずは一歩行動してみませんか？　一緒に自分らしい働き方を見つけましょう！

momoさんの一日（イメージ）

	スケジュール
6:00	・起床、仕事
7:00	・お弁当作り、子どもの世話
9:00	・仕事（添削、返信など）
12:00	・昼食
13:00	・仕事（イラスト作成、打ち合わせなど）
15:00	・お昼寝
16:00	・子どもの帰宅後、子どもと一緒に宿題や仕事
18:00	・夕食、自由時間
22:00	・子どもの就寝後仕事
24:00	・就寝

06

元営業職社員
駐在妻

海外駐在妻からフリーランスへ。キャリアは作れる

インスタ運用代行
ななさん

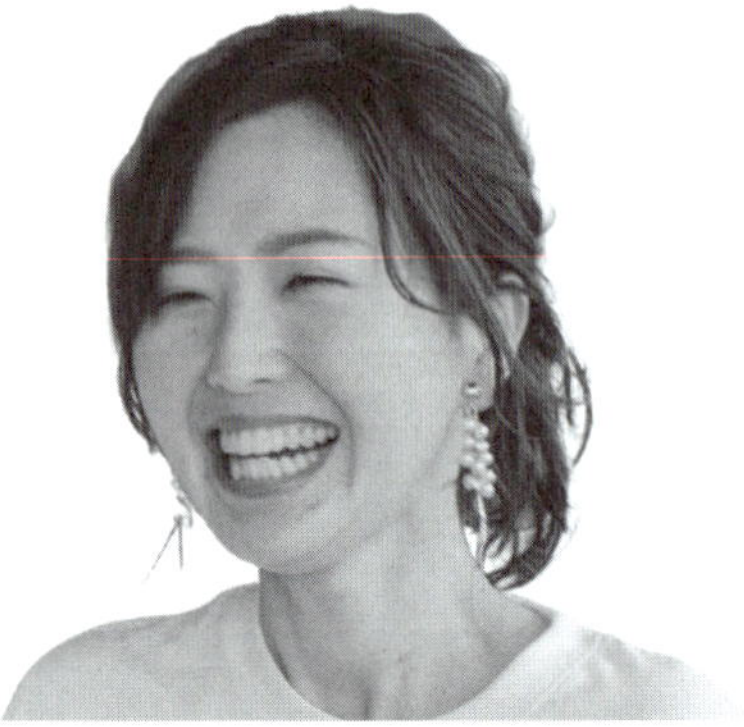

どんな環境でも変われる実感。自分に自信も

インスタ運用代行を中心にフリーランスとして活動する駐在妻です。前は自分の収入に対して不安がありましたが、海外でも自分らしく働く生活を実現できました。

もともとは営業職の会社員で、毎日残業するほど忙しく働いていました。ですが、夫の海外駐在が決まって退職して、異国の地についていくことになりました。

最初は先輩の駐在妻がサポートしてくれたおかげで楽しく過ごしていました。ただ、生活に慣れても言語の壁や治安面から一人で気軽に外出することはできず、また異国の地での生活にどれくらいお金がかかるかもわからなかったため、ドラマや映画のサブスクリプションを解約するなどして節約する日々でした。**お金の制限もきつかったですが、時間がありすぎることに辛さを感じるようになりました。**

「楽しくない」「なにして生きればいいの？」「仕事していないいから家事をするだけ？　だったら仕事したい」と考えながら、ずっとインスタを見る日々を過ごしていました。

	Before	After
仕事	会社員、専業主婦	インスタ運用代行・コンサル、組織の運営サポート、キャリアコーチ・ファシリテーション（カスタマーサポート）、マーケティングプロジェクトマネージャー
スキル	営業スキル、接客スキル	PCスキル、事務スキル、マネジメントスキル、マーケティングスキル、SNS運用スキル、コンサルティングスキル
収入	専業主婦 会社員時代は月収25〜30万円、年収約500万円	月収50万円（会社員時代の2倍）、2024年は会社員時代の年収超え見込み

毎日のようにインスタを見ていると、画像を加工してみようという意欲が湧いてきて、試しにCanvaをダウンロード。「あ、楽しい！」と思える瞬間が生まれました。それから、インスタに関する投稿を見ていると、「オンラインでできる仕事」や「SNSを仕事にする」という発信に目が行くようになりました。初めて知った選択肢に心が動いて、オンラインスクールの公式LINEを登録。

「オンラインで仕事をしたい。そのために、スクールで学びたい」

そう思っても、最初の壁は夫への説得でした。当時の節約生活から考えてお金がかかるスクールへの許可は難しいだろうと思いました。しかし、諦めずに普段の会話で「今の生活が楽しくない」「自分で収入を得たくて調べている」と伝えることからスタート。自分の意思をストレートに話すのではなく、まず、夫の考えを知った上で、仕事をしたい気持ちや将来どんな生活をしていきたいかを伝えることにしたのです。**会話から夫は私が仕事をすることに賛成だとわかり、「仕事をするためにスクールに入ってスキルを習いたい」「費用は必ず返す」と伝えた結果、スクールに参加することが決定したのです。**

はじめたころ、夫は私のSNSの仕事は趣味の延長だと思っていたようですが、参加して2ヶ月目で初案件を獲得し、月に5万円の収入を得られるようになりました。**月収15万円くらいになると、私が仕事に対して本気であると夫が理解を示すようになりました。**

仕事を進めていくとスクールの費用をたった半年で返すことができました。収入が安定してからは、夫に許可をもらうのではなく、仕事の成果を報告する生活へと変化しました。

今では、海外で暮らしはじめたばかりのころからは想像ができなかった生活が実現

ななさんの人生のグラフ

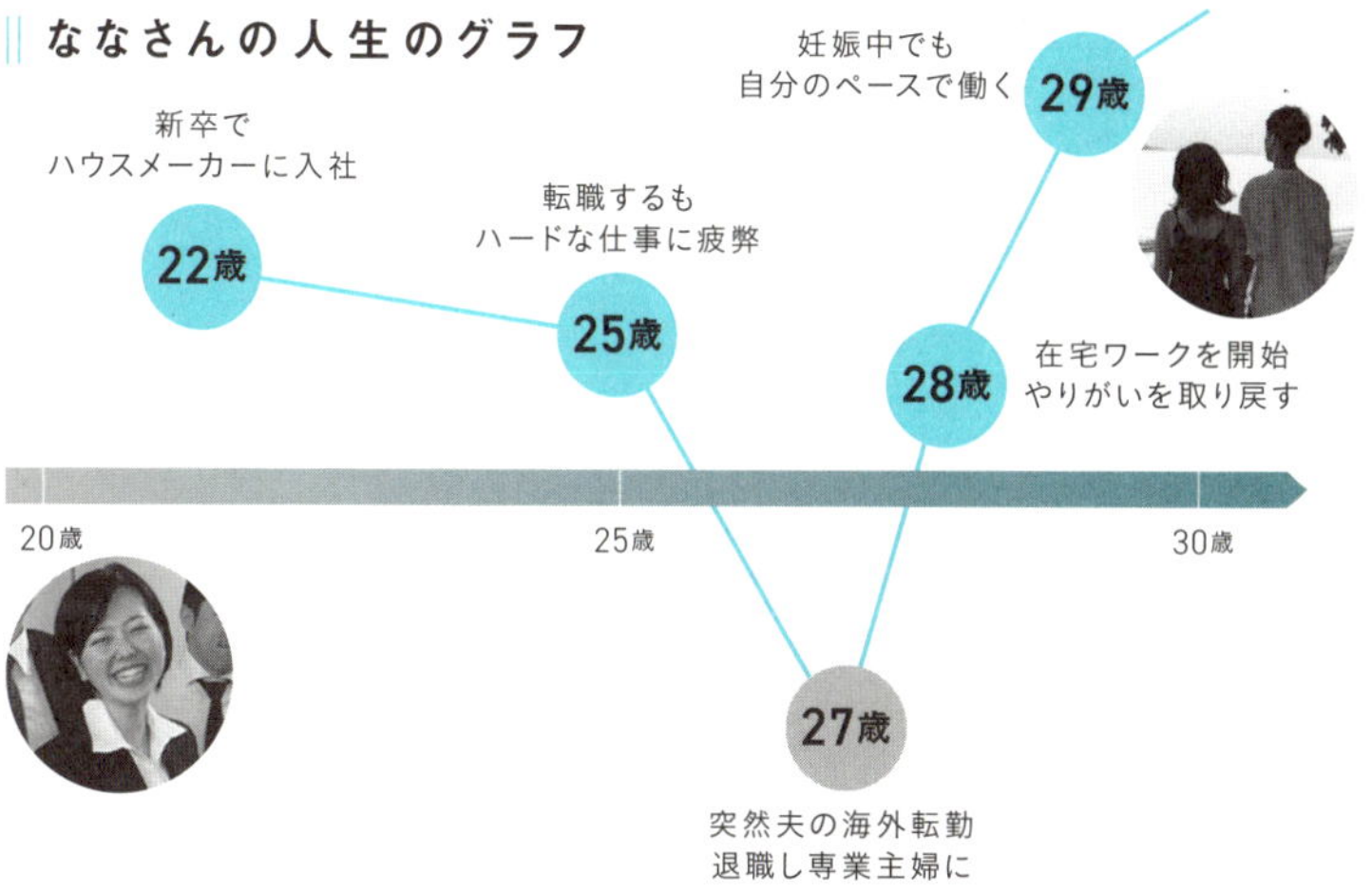
新卒で
ハウスメーカーに入社
22歳
転職するも
ハードな仕事に疲弊
25歳
27歳
突然夫の海外転勤
退職し専業主婦に
28歳
在宅ワークを開始
やりがいを取り戻す
29歳
妊娠中でも
自分のペースで働く
20歳
25歳
30歳

できています。たとえば、友達の結婚式やイベントのために帰国する費用を自分で負担できるようになりました。こつこつ仕事をして信頼を積み重ねたので、単価も収入も上がりプライベートの時間も作れるようになりました。

現在は妊娠、出産を経てしばらく日本に帰国しています。海外でも日本でも、妊娠中でも出産後でも、そのときどきの状態に合わせながら働けるフリーランスの働き方がとても気に入っています。

出産してから生活スタイルが変わったので、今後は外注できる仕事は外注し、私にしかできないことに集中してメリハリをつけた仕事の仕方を追求していくつもりです。

これからの目標は、今のお客様からいただいている信頼を大事にしながら、少しでも自分ができることの幅を広げていくことです。新しい家族を迎えたのでプライベートの時間も大切にしたいと思っています。家族での旅行なども楽しみたいですね。

あなたへのメッセージ

海外にいても、自分の努力次第でキャリアは作れます。

選択肢は想像以上にたくさん！　皆さんがそれぞれに合ったスキルを身につけて、理想の生活を送れるようになってほしいと心から願っています。

ななさんの一日（イメージ）

	スケジュール
6:30	起床・小作業
8:00	学び・アウトプット
9:00	クライアントワーク
12:00	昼食
12:30	クライアントワーク
14:30	休憩
15:00	クライアントとMTG
18:00	夕食
18:30	ウォーキング
20:00	作業、クライアントワーク
22:00	ストレッチ
23:00	就寝

07

適応障害　妊娠

適応障害の過去 リモートワークで 夫の収入超え！

カスタマーサクセス
ゆきさん

カスタマーサクセスとして活躍し充実の日々

フリーランスでカスタマーサクセスの仕事をしています。プライベートでは私と夫、3歳になる子どもの3人家族です。

妊娠中、お金がなくてライターの仕事をはじめるも、収入に限界を感じていました。その後マーケティングスキルを身につけて、3ヶ月で夫の収入超えを達成。

しかし、かつてはストレスで体を壊して働けず、夫に頼りきりだった期間もありました。外で働けなかった私でも、リモートワークと出会ったことで楽しみながら仕事ができるようになりました。

もともとエステティシャンとして働いていた私は、お客様のサポートをする仕事にやりがいを感じていました。一方で、私は共感性が高い性質。それが精神と体のコンディションに影響を及ぼすように……。**適応障害となり1年足らずで退職することとなってしまいました。働くという、皆が当たり前にできていることが、自分にはできない……と落ち込む日々でした。**

	Before	After
仕事	フリーランス	インスタ運用代行→カスタマーサクセス
スキル	PCスキル、接客スキル	マネジメントスキル、マーケティングスキル、SNS運用スキル、分析、企画提案
収入	ライティング　月2万～15万	ライティング　20万円（1～2ヶ月目） 運用代行：30～50万円 カスタマーサクセス：30～40万円 まとめると月収30万～60万円

やがて妊娠がわかったのですが、夫一人の収入では出産・育児のための費用がどうしても足りなくて。**そこで、妊娠5ヶ月のときに在宅でできるライターの仕事をはじめました。出産後も続けて最高月20万円ほどにはなりましたが、これ以上単価を上げることに限界を感じるようになりました。**なにより、子育てしながら睡眠時間を削る働き方が、精神的にも体力的にもしんどかったですね。

ある日Xで、ライター仲間の「マーケティングを学んだら単価が上がった！」というポストを発見。このとき初めてマーケティングの可能性に気づきました。「いつまでも作業者ライターでいたくない！」と私もマーケティングを学ぶことを決めました。**ライター業と並行しながら、エステティシャンの経験を活かしてサロンのインスタ運用代行を開始。2ヶ月目で初案件、さらに1ヶ月後には13案件を獲得しました。収入もどんどん上がり、およそ半年で月収60万円。以降はインスタ運用代行と講師業で安定して月40万〜50万円の収入に。**

その後、参加しているスクールの運営にも関わるようになりました。カスタマーサクセスという、顧客がサービスを使うことでどういう成果を得られるかを考える仕事をしています。スクールに参加しているメンバーからの意見で傾向をつかんだり、アンケートの数値を分析してコンテンツ作りに活かすのはやりがいを感じます。現在はこのカスタマーサクセスが活動の中心です。

在宅ワークやSNS運用をはじめてからは、数値を分析し論理的に考えられるようになりました。また、相手の状況を考えながら伝える工夫が必要な、テキストコミュニケーションスキルも高くなったと思っています。

一番大きな変化は、キャリアアップが無

ゆきさんの人生のグラフ

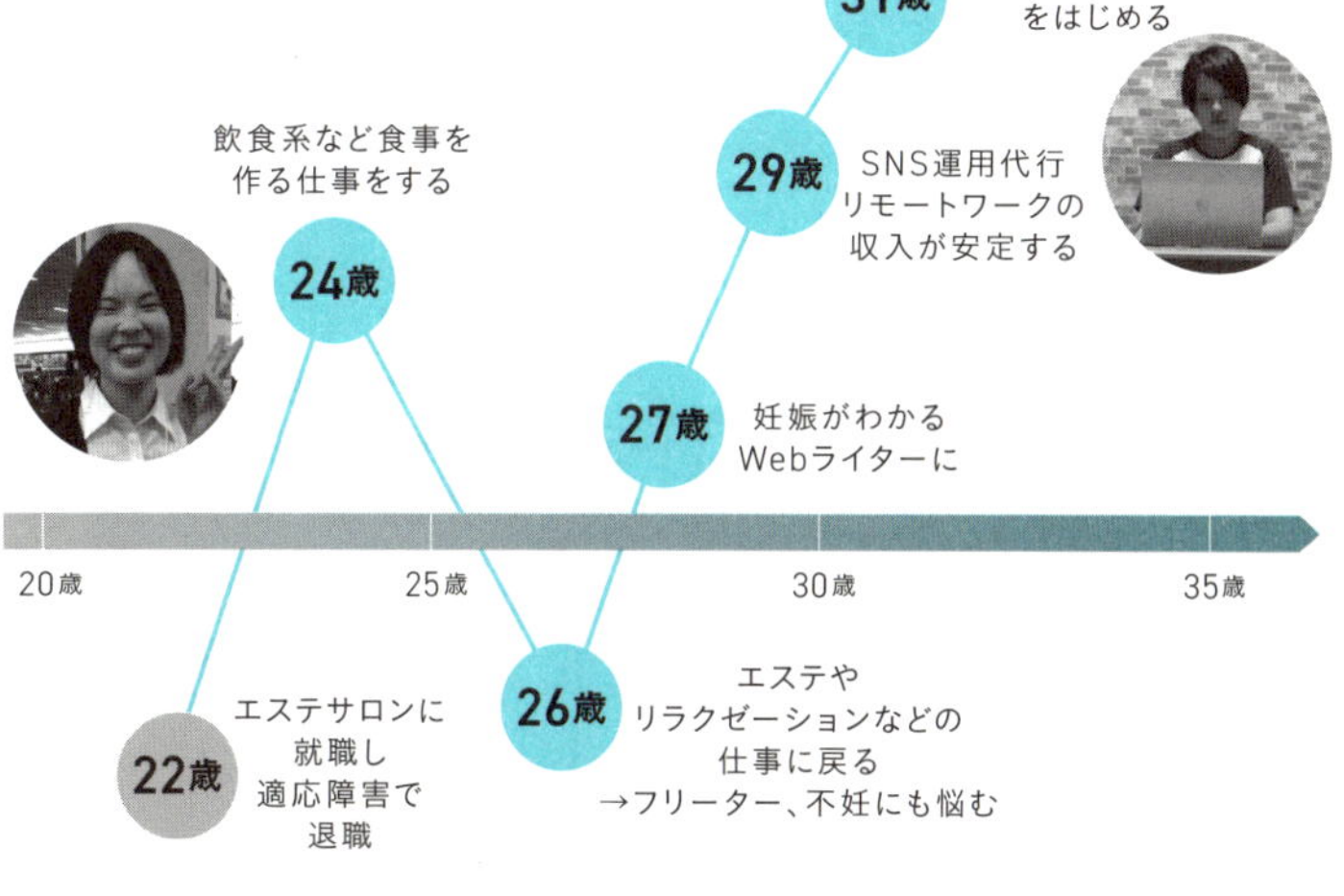
31歳
カスタマーサクセスをはじめる

限にできること。「なにをしたい？」「誰を救うために仕事をしてる？」と会社員時代には考えたことのないことと向き合いながら、自分でルートを決めていけます。うまくいかなくて挫折しそうなときには、目標を見直したり仲間に話を聞いてもらったりして前を向くきっかけにしています。一緒に頑張れるフリーランス仲間の存在はありがたいですね。

そもそも出勤することが大きな壁だった私。出勤しなくても家でやりたい仕事ができてお金をいただけることが大きな感動でした。フリーランスは自分で働く時間を決められますし、自分が価値を発揮すればするほど収入が増えます。リモートワークをはじめてから、スキルアップも含めて「仕事が楽しい」と思えるようになりました。**今でこそ夫の2倍ほどの収入がありますが、私が働けないころは夫がひとりで頑張ってくれました。だからこそ、夫と1つの家族を支えている今がうれしいです。**これからの目標は、仕事面では日本でのカスタマーサクセスの第一人者になること。プライベートでは、お互いの両親を交えて毎年、旅行に行きたいですね。私だけでなく家族皆がいろんなことにチャレンジできるような環境にしたいです。

ゆきさんの一日（イメージ）

	スケジュール
7:00	・起床→自分の勉強、本読んだり動画見たり手記したり
8:00	・子ども起床→朝の準備
9:00	・保育園に送る、買い物して帰る
10:00	・仕事
12:00	・昼食
13:00	・仕事
17:30	・保育園のお迎え 遊ぶことも
18:30	・夕食
21:00	・子どもの寝かしつけ
22:00 〜 24:00	・勉強することもある

あなたへのメッセージ

「やりたいけれど、できるわけない」と気持ちに蓋をしてしまっている人は多いかもしれませんね。でも、人生は1回きり。在宅ワークという働き方で、私のように〝仕事もプライベートも最高な自分〟になりませんか？

08

元飲食業　専業主婦　療育子育て

子の発達キッカケ在宅ワークをはじめ新キャリアを構築

SNSデザイナー・オンライン秘書・SNS運用サポート
kikiさん

経験ゼロからフォロワー2．6万のデザイナーに

フリーランスとしてSNSデザイナーやオンライン秘書、SNS運用サポートの仕事をしています。

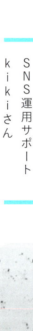

家族は夫と息子が1人。息子は発達に特性があり、自閉症と診断され保育園と併せて療育に通っています。そのため、常に家庭との両立を意識して働いています。

専業主婦として家事と育児に専念していましたが、在宅ワークをはじめることで、仕事と家庭のバランスがうまくとれ、自分らしいキャリアを築くことができたと思っています。

専業主婦になる前は、**大手コーヒーショップで働いていました。毎日朝早くから夜遅くまでシフトに追われ、ときには深夜まで働くこともあり、体力的にも精神的にも限界を感じていました。**長時間労働と不規則なシフトの生活は、私の体調にも影響し、いつも疲れが抜けない状態。そんな中、子どもを授かりたいという思いも強くなり、仕事を続けるべきか悩んでいました。

	Before	After
仕事	専業主婦、フリーランス	デザイン（インスタ・資料作成メイン）・SNS講師・コンサル・投稿作成代行・オンライン秘書
スキル	PCスキル、接客スキル、マネジメントスキル	デザインスキル、事務スキル、営業スキル、SNS運用スキル、コンサルティングスキル
収入	起業家向けのビジネスコミュニティ内のメンバーサポートで6名で合計12万円を得られたが、継続ではなく単発のため、それ以外は0円に近い。	月収30万円以上、安定

夫婦で話し合いを重ねた結果、飲食業を退職し、専業主婦として子どもを授かることに専念することにしました。しかし、専業主婦になってからは誰とも話すことができない日々が続き、孤立感が強まっていました。

子どもが生まれてからも、自閉症の子どもとのコミュニケーションは一方通行で、精神的に辛い時期が続いていました。**専業主婦として3年間が過ぎたころ、「このままでは自分のキャリアが終わってしまう」と孤立感や将来への不安が高まりました。**さらに、息子が幼稚園に入れなかったため、前の職場にパートで復帰する予定も難しくなり、今後どうすればいいのか悩んでいました。

そんなときにSNS運用やデザインが学べるスクールを知り、在宅ワークに興味を持ちました。「これなら子育てをしながらでもキャリアを再構築できるかもしれない」と感じ、学びはじめました。

実は以前、**夫から仕事は子どもが就学してからでも良いのでは？と言われたため、在宅ワークは黙ってはじめ、軌道にのってから報告しました。**さらに義父にも仕事について理解されないことがありました。それでも夫や義母が義父に説明してくれ、実際に制作している内容、どんな方のサポートをしているかを話して理解を得ることができました。

　在宅ワークをはじめた当初は、集客や案件獲得が思うようにいかず試行錯誤。**それでも学びながら見直すことで、1ヶ月後には問い合わせが15倍に増え、案件も安定しました。**現在は新規の募集はしていませんが毎月ご依頼もいただいており、ご紹介や継続のお仕事を中心に毎日充実しています。特に資料作成やインフルエンサー仲間の講義資料・プレゼント資料を原稿から作成サポートしています。さらに、SNS運用講

kikiさんの人生のグラフ

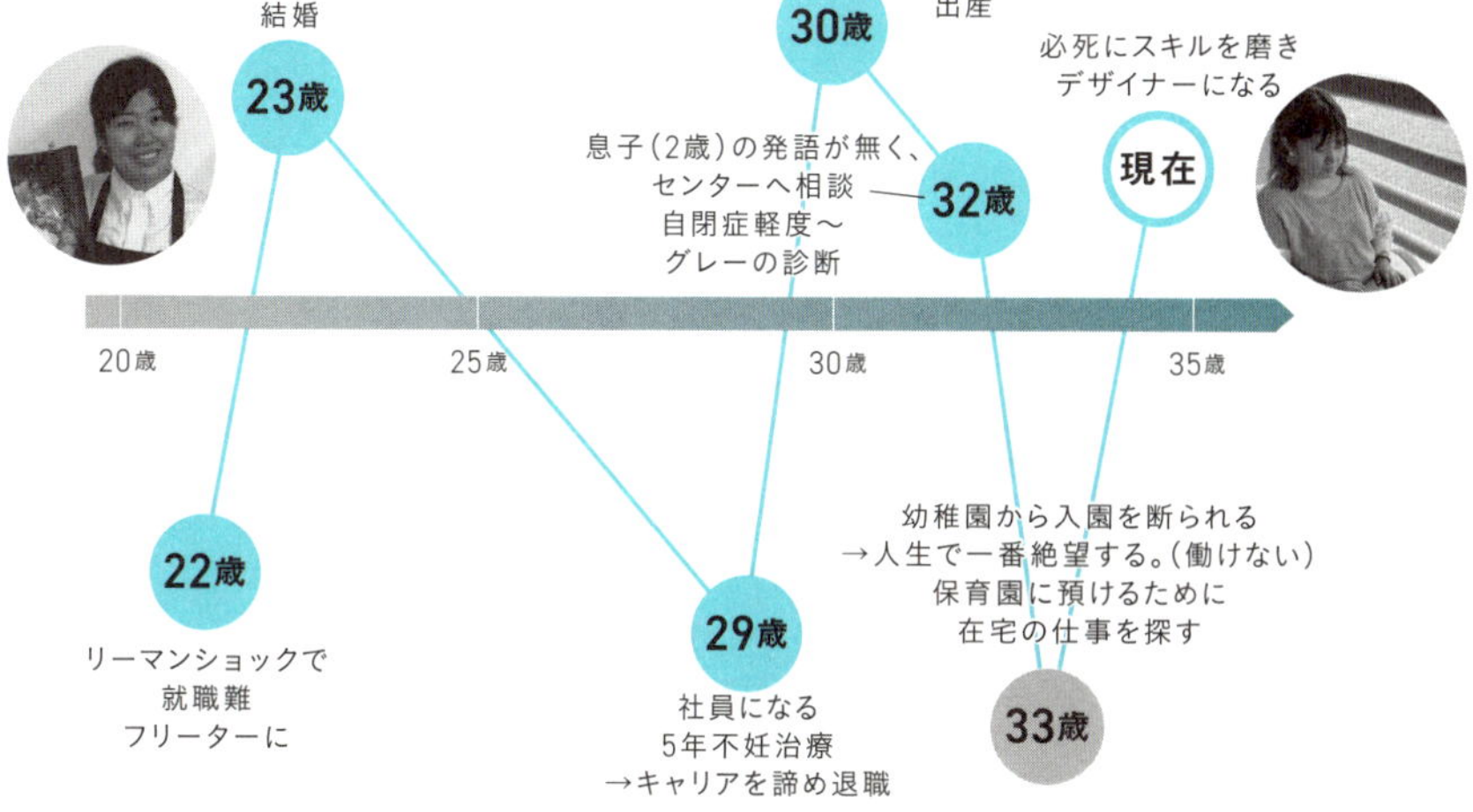

座の講師としても活動し、自分の経験をお仕事に活かせるようになりました。

今では以前の専業主婦時代には想像できなかったキャリアを築けています。。**収入面でも安定して月収30万円以上を得られるようになりました。**

ライフスタイルも劇的に変化しましたね。在宅ワークを取り入れたことで、家事や育児の合間に仕事を進められ、息子の成長を間近で見守れる喜びを感じています。

さらに、趣味である〝推し活〟にも時間を使えるようになり、好きなアイドルのライブに参加することや、遠方への旅行も楽しめるようになりました。専業主婦のときは、なにを買うにも罪悪感が生まれやすかったのですが、好きな物を購入し気兼ねなく外出できるようになったのも、自分で収入を得られるようになったからです。

今後の目標は自分の講座や商品を展開し、さらに多くの人に価値を提供できるようなキャリアを築くことです。これからも家族との時間を大切にしながら、自分がベストだと思う働き方とプライベートの両立を目指していきます。

kikiさんの一日（イメージ）

	スケジュール
7:00	・起床 ・朝食、スケジュール確認 ・軽めのリサーチや急ぎの返信
8:30	・息子の保育園送迎
9:00	・タスク整理をして始業 ・打ち合わせや急ぎの案件
12:00	・昼食
13:00	・資料作成
15:00	・お昼寝（15〜30分） ・息子帰宅までラストスパート ・投稿作成など
17:00	・息子帰宅 ・親側の世帯に息子が遊びに行くので仕事をすることも
18:30	・夕食
20:00	・お風呂 ・夫が寝かしつけしてくれることが大半
21:00	・残りの仕事
2:00	・就寝

あなたへのメッセージ

働き方を変えることは女性にとってハードルも高いですし、頭でわかっていても行動できないことも多々あります。**でも、変わりたいなら、時には何かを犠牲にする覚悟も必要です。私もあの時の決断があったから今の生活があります。まず一歩踏み出して、未来を変えていきましょう！**

09

元大手企業社員　病気　転職　結婚

大手企業を退職
自分らしい仕事で
目標は法人化

インスタ運用代行
みさこさん

女性のライフイベントを見据えた新しい働き方

フリーランスとしてインスタ運用代行、セミナーの司会進行、プロジェクトマネージャーなど幅広い業務を担当しています。

家族は愛猫。現在は婚約中で2024年内に入籍予定です。もともとは大手企業の研究員でしたが、うつ病になり休職した過去があります。そこから転職をして働いていたときにスクールに出会い、副業から在宅でワークをスタート。今は会社を退職して、フリーランスとして充実した毎日を送っています。

大手企業の研究員としての就職が決まったとき、家族はとても喜んでくれました。しかし3年が経ったころに鬱になってしまい1年休職。半年くらいは起き上がることもできず、天井のシミを数える日々を過ごしました。

そんなとき、父が「やりたいことやってみな。なんでも応援する」と言ってくれて。そこでプレッシャーから解放されました。そして自分と向き合う時間をとって、心が元気になってきたタイミングで転職活動を開始しま

	Before	After
仕事	会社員	インスタ運用代行、オンライン秘書（勉強会ファシリ）、スクール企画制作物プロジェクトマネージャー
スキル	PCスキル、営業スキル、マネジメントスキル	接客スキル、マーケティングスキル、SNS運用スキル、コンサルティングスキル
収入	月収25万円	月収7桁

した。

誰もが知る大手企業を辞めるので、周りからは「どうして辞めるの？」と言われましたね。でも、私の状況はそれくらい大変だったんです。

次の仕事はベンチャー企業の営業職に就きました。**「これが天職だ」と思えるほど楽しく働いていたのですが、女性の先輩たちは結婚や妊娠をきっかけに続々と退職していきます。また、育休から復帰した先輩が、時短正社員だと時給単位でバイト代ぐらいにしかならない給与の上、ノルマは変わらないことを教えてくれました。**上司にも恵まれ環境自体は良かったですが、女性が長く安心して働ける環境ではないことを知りました。女性のライフイベントに対応していくためにも、在宅ワークができたらいいなと考えはじめたのがこのころです。

2、3年先の将来を思い描いたときに、今のままではいけないと感じてスクールへの参加を決意。2023年9月に参加したのですが、目標より3ヶ月早い12月末には会社員を辞めることができました。

スクールに参加したころはフルタイムで働いていたので時間の確保に苦労しました。

どうしても日中に開催している企画には出たいけれど出られない。いつも歯がゆさを感じていました。どうしたら時間を捻出できるかを考えて、朝が苦手だったのですが、早起きして会社の近くの早朝からオープンしているカフェで動画学習やワークシートに取り組んでいました。**出社時間の9時までの2時間くらいは確実に学習に充てるようにしていましたね。外出するときの移動中は片耳にイヤホンをあてて動画を視聴するなどして時間の確保をしていました。**

その成果もあり、参加後3ヶ月で自分のインスタアカウントからお問い合わせがきて、そのまま成約になりました。

みさこさんの人生のグラフ

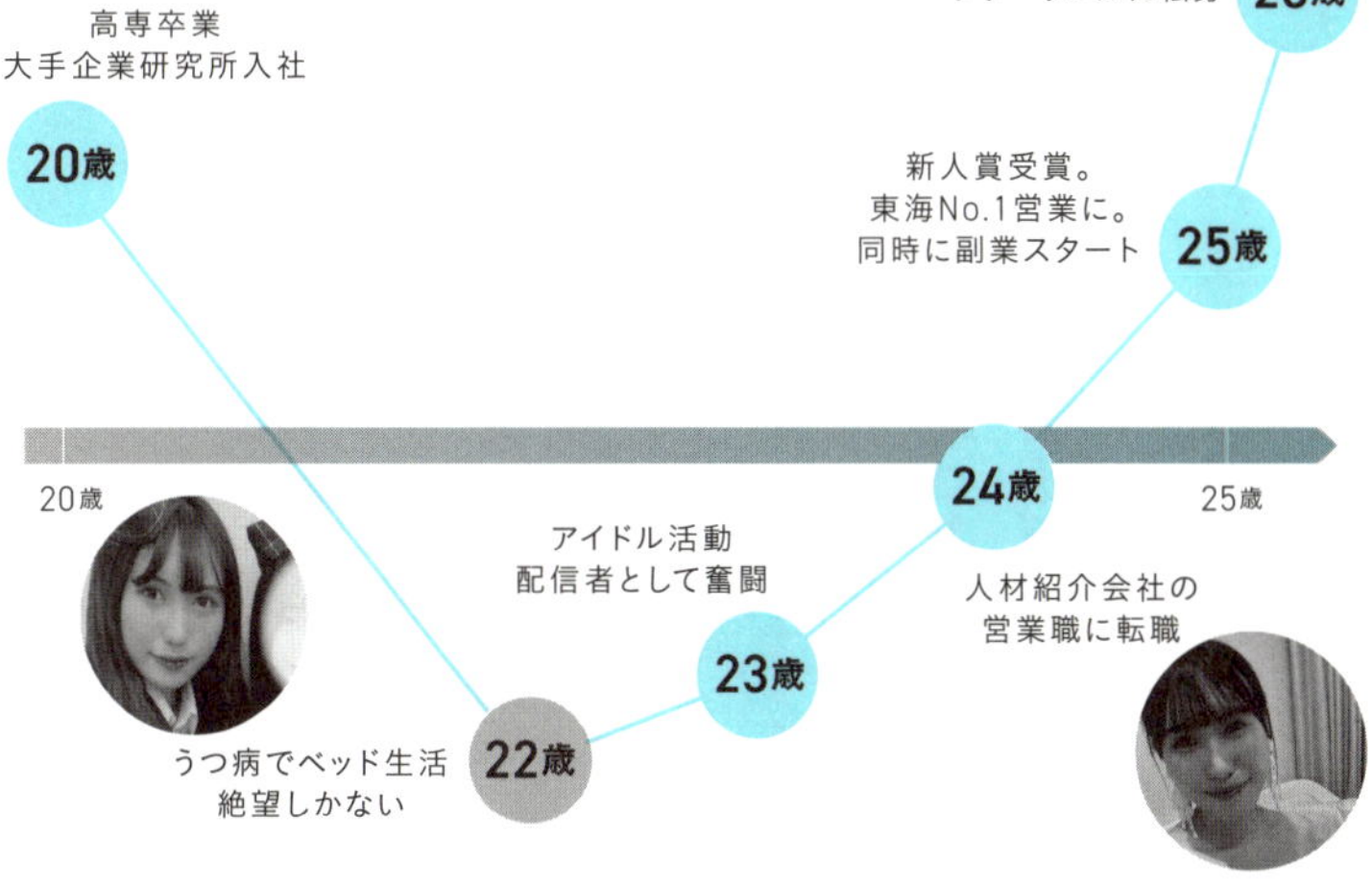
会社を辞め独立。
フリーランスに転身
26歳

フリーランスの働き方を手にして、苦手な朝はゆっくり過ごし午後からエンジン全開で稼働するリズムが実現できました。土日に仕事を入れたり平日にジムに行ったり、柔軟にスケジュールを調整できるところが気に入っています。

気に入っているところは他にもあります。**私が飼っている保護猫は持病があり、短命かもしれないと言われています。会社員のときは通勤していたので、愛猫のために働いているのに一緒にいる時間が短くて寂しく感じていました。今は在宅ワークなので、仕事をしているときにもひざの上に乗ってくれて、一緒にいられる時間が増えました。毎日癒やされています。**

もう1つは、普段はオンラインで仕事をしていますが、なにかのタイミングでクライアントさんに会いに行ったり、イベントをすると聞けばお手伝いに行ったりできることです。そんな軽やかさもフリーランスの魅力の1つ。Webで完結しようと思えばできる仕事だからこそ、対面でお会いする機会も作って、コミュニケーションを大事にしています。

実は、最初に目標としていた月収7桁をつい最近達成したんです。次の目標は法人化。引き続き頑張っていきたいと思います。

あなたへのメッセージ

今できないことがあっても、それがずっとできないわけではないですし、掴みたい未来が想像できるのなら、それは達成できることです。自分の可能性を疑わずに、否定せずに、まず自分にできる行動をしていきましょう！

みさこさんの一日（イメージ）

	スケジュール
9:00〜10:00	・起床、仕事開始
12:00	・昼ごはん
13:00	・勉強会司会（17:00まで）
18:00	・夜ごはん
20:00	・投稿作成、発信活動
24:00	・就寝

10

役者志望　元派遣事務
高卒　資格・スキルなし

高卒資格なし
崖っぷちからの
大逆転を叶える

カスタマーサポート・
動画編集
まりんさん

愛猫と共に在宅ワーク。収入2倍で心に余裕

現在、フリーランスで動画編集やカスタマーサポート、SNS運用代行の仕事をしています。

かつては派遣事務員だった私。高卒で資格なし、派遣でも最低単価の契約で毎月崖っぷち。通勤には片道2時間もかかり、余裕のある生活とはほど遠い毎日を送っていました。

時間や場所にとらわれない働き方に憧れて在宅ワークに転向、自分の予定に合わせて柔軟に予定を立てられるようになりました。今は愛猫と一緒に過ごすのがなによりの幸せ時間です。

私は高校卒業後、役者を目指して上京しました。芸能の仕事といくつかのアルバイトを掛け持ちしながら暮らしていましたが、年齢を重ねるごとに、将来を考えて「いつまでもこのスタイルは続けられない」と危機感を感じるようになりました。

そして、30代直前に派遣事務員としてＩＴ系の会社で

	Before	After
仕事	フリーランス	インスタ運用代行、コンサル、動画編集、カスタマーサポート、司会進行、マーケティングサポートなど
スキル	PCスキル、事務スキル、接客スキル	営業スキル、マネジメントスキル、マーケティングスキル、SNS運用スキル、コンサルティングスキル
収入	月収25万円（手取り20万円くらい）	月収40〜50万円

の勤務をはじめました。

とはいえ、私の学歴は高卒。**目立った資格やスキルもなく、派遣では一番低い単価での契約でした。収入が上がる見込みはなく、仕事は誰でもできるような内容のものばかり。やりがいを感じたことはほとんどありませんでした。**

通勤は片道2時間、フルタイムでの勤務。本当は時間や場所に縛られない働き方をしたいと思いつつも、理想とはかけ離れた生活を送っていることに絶望し、「何のために生きているのかな……」と思うこともありました。


フリーランスに憧れて働き方を変えたいと思っていたとき、インスタを見ていたら私が理想とする自由な働き方をしている女性を発見。それ以来、そのアカウントを追いかけているうちに、私にもいろんな可能性があるのではないかと思うようになり、理想を実現するために、スクールで学ぶことを決意したのです。

初めこそ時間の捻出に悩んだものの、やることがたくさんある状態がうれしくて、長い通勤時間を動画学習に充て、自分の時間が許す限りインプットとアウトプットを繰り返しました。

初めはインスタ運用代行の案件を獲得。その後、動画編集のスキルを磨いてリール動画を作ったり、ディレクションへステップアップもできました。**その結果、予定通り半年で目標収入を達成。それからも収入は上がり続け、現在は安定的に当時の2倍の収入を確保しています。**

上京以来、ずっと経済的に赤字続きの人生で、スクールに参加するときには覚悟が必要でしたが、「必ずプラスにする！」という強い気持ちで取り組んだことが目標達成の要因だったと思います。収入が黒字になってからは、今まで我慢していた外食や美容、インテリアなどにお金を使えるようになり気持ちに余裕が生まれました。

まりんさんの人生のグラフ

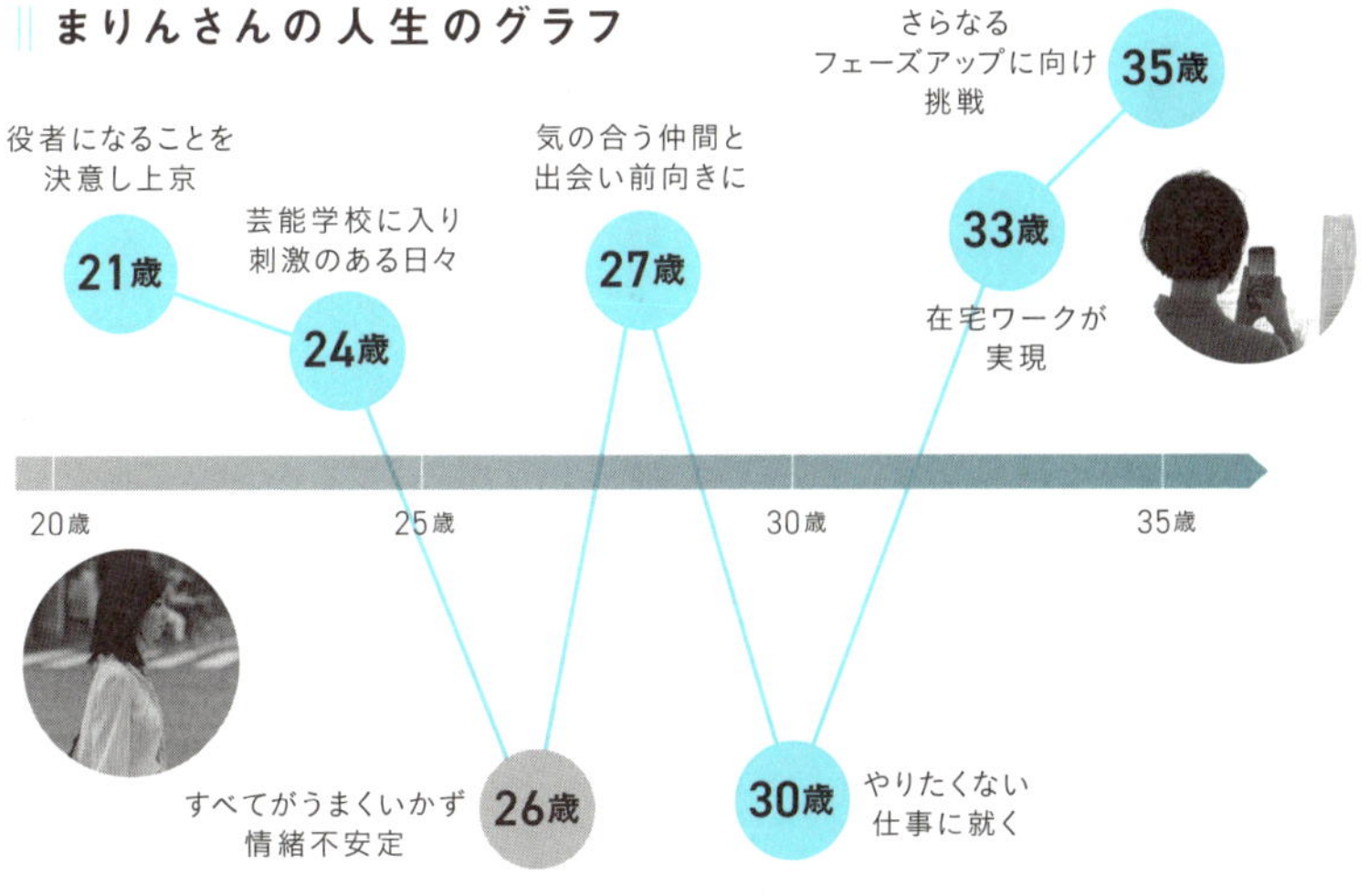
役者になることを
決意し上京
21歳
芸能学校に入り
刺激のある日々
24歳
すべてがうまくいかず
情緒不安定
26歳
気の合う仲間と
出会い前向きに
27歳
30歳
やりたくない
仕事に就く
33歳
在宅ワークが
実現
さらなる
フェーズアップに向け
挑戦
35歳
20歳
25歳
30歳
35歳

今は動画編集やディレクションに加え、スクールでのカスタマーサポートの仕事もしています。もともと時間に縛られたり、毎日決められたルーティンワークをしたりすることが苦手な私。まずは好きな予定を決め、その日までに仕事や納期を調整するというスタイルで働いています。私は夜に集中するのが好きなのですが、自分のパフォーマンスが上がる時間に合わせて仕事ができるのもフリーランスの良いところです。

完全在宅ワークを実現できた中で特にうれしいのが、愛猫と過ごす時間が増えたこと。猫と一緒に仕事ができるので幸福度が高くなりました。

通勤時間がなくなったので自分のタイミングで予約の取りづらいお店にも行けるようになったのもうれしいです。予約や約束をするときに「いつでもいいですよ」と言える、自分に余裕のある状況に幸せを感じています。

今後は「これからもまりんさんにお願いしたい」と言っていただけるように、仕事の質を上げ続けたいですね。また、私の生活環境が変化する様子もコンテンツにしたいと考えています。仕事とプライベートを組み合わせた生き方が理想です。

まりんさんの一日（イメージ）

	スケジュール
7:30	・起床
8:00	・朝活
9:00	・家事や洗濯など
10:00	・面談や打ち合わせ
12:30	・昼活しながら昼食
13:30	・クライアントワーク
15:00	・休憩・運動
17:00	・クライアントワーク
19:00	・夕食
20:00	・夜活
22:00	・自身のインスタ運用や動画編集
25:00	・就寝

あなたへのメッセージ

私自身、かなり崖っぷちの状態からの挑戦で余裕なんてなかったですが、覚悟を決めて行動し続けました。今までできなかったことは、これからもできないわけじゃない。私の話が理想への第一歩を踏み出すきっかけとなることを願っています！

11

元会社員　ワンオペ育児　3児のママ

育児と仕事で疲弊ワンオペママが在宅月60万達成

インスタ運用代行ディレクター・オンライン秘書
もりかさん

3児のママも変われる！　在宅ワークの可能性

フリーランスのインスタ運用代行やオンライン秘書として活動しています。夫と小学生の子ども3人の5人家族で、ワンオペ育児でも在宅ワークで理想の働き方を実現。

現在は、オンラインスクールでファシリテーションや企画運営の仕事にも携わり、スキルアップを図りながら収入を増やしています。

かつては会社員でしたが、子育てを機に働き方を見直しフリーランスとして新たなキャリアを築いています。

約10年間、会社員として働いていました。しかし、子育てとの両立が難しく、もっと自由な働き方を求めて会社を退職。フリーランスの営業職として働きはじめました。しかし、営業の仕事も思ったほど自由ではありませんでした。特に夜や土日にも仕事をすることが多く、子どもを預ける場所を探すのに苦労しました。

「フリーランスでも営業では、やはり子育てと仕事を両立するのは難しい……」と感じ、在宅でできる仕事を模索することに。

	Before	After
仕事	会社員、フリーランス	インスタ運用代行ディレクター、オンライン秘書、ファシリテーション、企画運営
スキル	事務スキル、営業スキル	PCスキル、マネジメントスキル、マーケティングスキル、SNS運用スキル、コンサルティングスキル
収入	11年前～2年前（会社員）：月収20万円、年収400万円 2年前～（フリーランスで営業＋副業でWebライター）：営業は完全歩合制、3ヶ月連続収入ゼロ。単価は1本売れたら20万円の報酬 WebライターはMAX月9万円	入会半年で月収20万円。 リモラボCampに入り月収30～40万円 現在はさらにフェーズが上がり会社員時代の月収の3倍

インターネットで情報を集めた結果、Ｗｅｂライターに挑戦することを決意。はじめてみると在宅で働くことに魅力を感じる一方、収入面では10万円の壁を超えることが難しく、次のステップを考えるようになりました。

そんなある日、TikTokの投稿がバズり、ＳＮＳを通じて多くの問い合わせが来るという体験をしました。このときＳＮＳが集客に使えることを実感し、Instagram運用代行という新しい仕事の可能性に気づきます。その後オンラインで学び、Instagramの運用代行に本格的に挑戦。ＷｅｂライターからＳＮＳ運用代行へシフトし、フリーランスとして仕事の幅を広げていきました。

実は子育てをはじめた当初、夫は順調にキャリアを積み重ねている一方で、私だけ取り残されているように感じ、焦りを感じることもありました。その不安な気持ちにしっかり向き合い、**夫と何度も話し合う中で、彼も私の仕事やキャリアに対して理解を深め、応援してくれるようになりました。**現在では、夫と仕事の内容を共有し、相談に乗ってくれることもあります。積極的に育児や家事をサポートしてくれ、私も安心して仕事に取り組めるようになりました。

仕事と家庭を両立させるには、メリハリをつけることが鍵になります。朝8時ごろまでに子どもを送り出し、その後は仕事に集中することで効率化を図っています。また、家事代行を導入し、子どもにはお手伝い制度を取り入れて自立心を育てています。

リモートワークのおかげで、時間管理や仕事の進行を自分でコントロールできるようになり、現在の収入は40〜50万円で安定しています。

現在、自分のチームでInstagramを運用しながら、オンライン秘書としても活動しています。所属しているスクールでも運営側として主にプロジェクトの設計や運営を担当し、メンバーの成長をサポートするこ

もりかさんの人生のグラフ

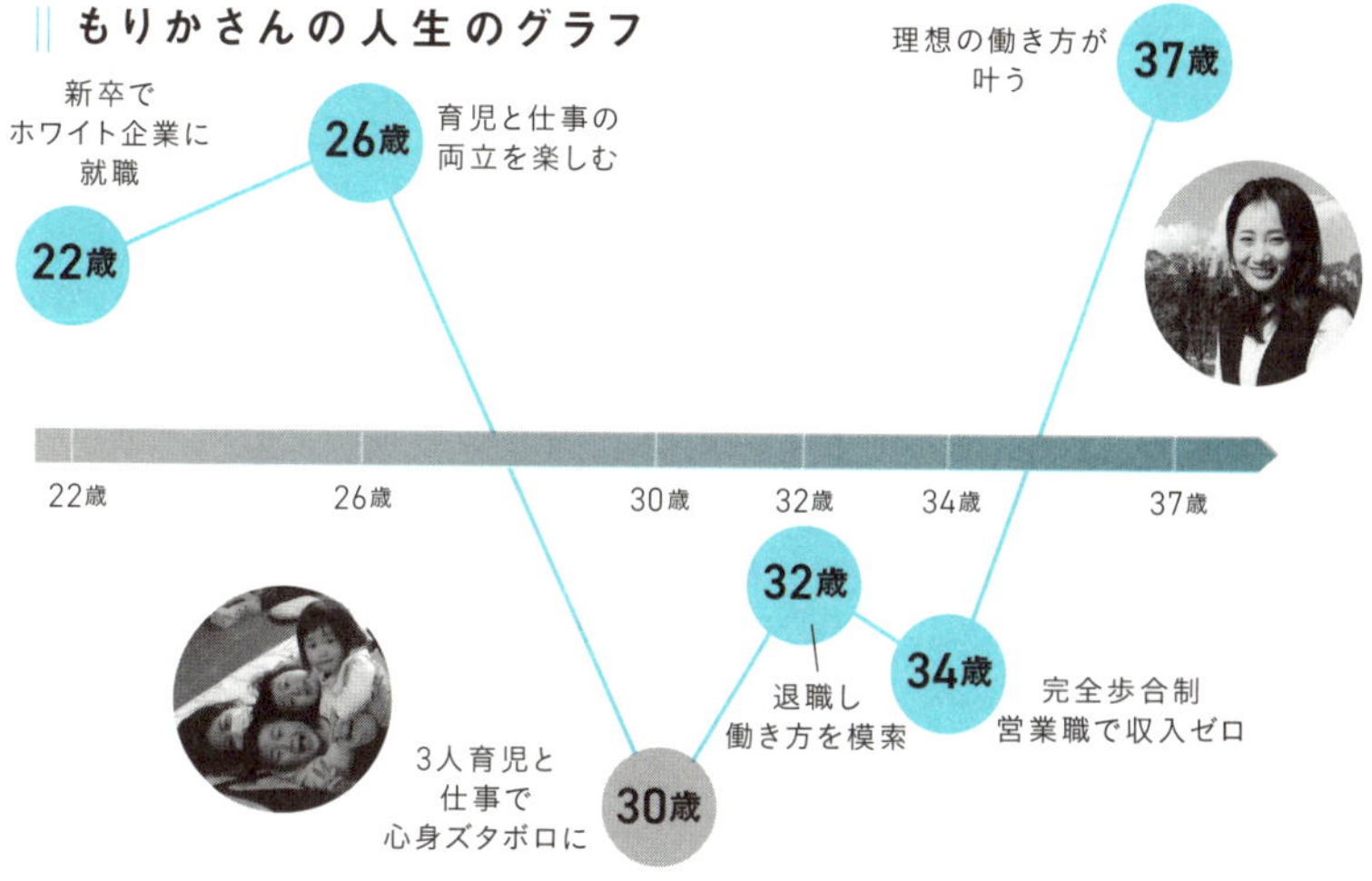
理想の働き方が叶う
37歳
新卒でホワイト企業に就職
22歳
26歳
育児と仕事の両立を楽しむ
22歳
26歳
30歳
32歳
34歳
37歳
32歳
退職し働き方を模索
34歳
完全歩合制営業職で収入ゼロ
3人育児と仕事で心身ズタボロに
30歳

とが大きなやりがいになっています。かつて私もキャリアに悩んでいた時期がありましたが、スクールでの出会いや、学びを通じて自分を変えることができました。同じように迷っている人たちを引き上げられることに大きな喜びを感じています。メンバーが成長して自信を持つ姿を見るのは私の励みになります。

ライフスタイルは、会社員時代と比べて劇的に変わりました。

以前は7時から19時まで働いていたため、子どもと向き合う時間がほとんどとれませんでしたが、今では時間に余裕ができ、しっかり家族との時間を持てています。家族と一緒に過ごす時間が増え、月に1度は旅行に行けるほど自由なライフスタイルを手に入れました。フルリモートなので、旅行先でも仕事ができるのもこの働き方のメリットです。また母子4人で念願の親子留学に行けることになり、在宅ワークのおかげで子どもたちにいろんな経験をさせたいという思いが実現できています。

今後の目標としては、プロジェクトマネージャーとしてさらにスキルを磨き、幅広い企業で活躍できるような人材になること。また、プライベートでは子どもたちとの時間を大切にし、今のうちにたくさんの思い出を作っていきたいと思っています。

もりかさんの一日（イメージ）

	スケジュール
6:30	・起床
8:10	・子どもを見送る
8:40	・タスク整理
9:00	・クライアントワーク
11:00	・チームミーティング
12:00	・昼食
13:00	・クライアントと打ち合わせ
15:00	・子ども達が帰宅、習い事の送迎・空き時間にPC作業
19:00	・夕食
22:00	・投稿添削、タスク整理
24:30	・就寝

あなたへのメッセージ

私は、思い切って働き方を変えたことで人生が大きく変わりました。**母親だからとブレーキを踏まず、「1回きりの人生、私はどうしたい？」と自分自身と向き合って、自分のやりたいことに挑戦してほしいです。**

12

元医療職

田舎暮らし

ママ

地方暮らしでも可能性は無限大好きを仕事に！

オンライン秘書
あつこさん

子どもに「おかえり」を言える働き方へ

フリーランスでオンライン秘書をしている小学生と保育園児のママです。在宅ワークをはじめて時間の融通がきくようになり、子どもとの時間を楽しめています。

私はパソコンや新しいツールに触るのが大好き。中でもNotionは沼にはまるくらい没頭した結果、独学で人に教えられるレベルになりました。最近のお気に入りは生成AIで、クライアントワークや日常に活かしています。

以前は医療関係の仕事をしていました。仕事や家事、育児で毎日バタバタと過ごしていて、自分の時間が全くない、子ども中心の生活を送っていました。医療の仕事は好きとはいえないながらも、10年ほど続けていましたが、コロナ禍のころ、在宅ワークという働き方があることを知りました。医療職にこだわらず好きなパソコンで仕事ができるかもしれないということは、私にとって大きな気づきになりました。

ある日、Xでオンライン秘書の発信をしている人を見

	Before	After
仕事	会社員	オンライン秘書
スキル	PCスキル	事務スキル、マネジメントスキル、SNS運用スキル
収入	月収12万円	月収40万円

つけました。

そのとき初めてオンライン秘書という職業を知ったのですが、誰かをサポートすることが好きな私には合っているような気がして、すぐにオンライン秘書を目指すことを決意！

まだやったこともないのにXのプロフィールに「オンライン秘書」と記入し、Xでオンライン秘書のアカウントを探して仕事の内容を調べました。

そんなとき、知り合いの女性起業家が事務作業のできる人を探していることを知り、「そういう仕事、やってみたかったんです！」とすかさず立候補。すぐに採用が決まり、オンライン秘書としての仕事がスタートしました。

ブログの更新や、その起業家の運営するコミュニティの事務局の業務が主な仕事内容。ブログではワードプレスというツールを使うのですが、ツール好きの血が騒ぎ「触ったり調べたりすればなんとかなる！」と恐れずに挑戦しました。

いただける仕事が少しずつ増えていく中で、インスタ運用も任せてもらえるチャンスがやってきたのです。本格的にインスタ運用のスキルを身につけるために、スクールで学ぶことを決めました。

「勉強しながらになるものの、インスタ運用をしてみたい」と伝えようと思っていたら、驚くことにクライアントの方から「インスタもお願いしたい」と言っていただけました！　こうしてインスタ運用のサポートもお仕事になりました。

フリーランスになるとクライアントへの価値提供が収入アップにつながります。**稼働時間も自分で決められ、働くことに対しての価値観が大きく変わりました。収入も大幅に上がり、安定して月40万円ほどの収入を得ています。**

現在は在宅でオンライン秘書として、インスタ運用代行を中心に、企業のNotion導入などの業務を行っています。

あつこさんの人生のグラフ

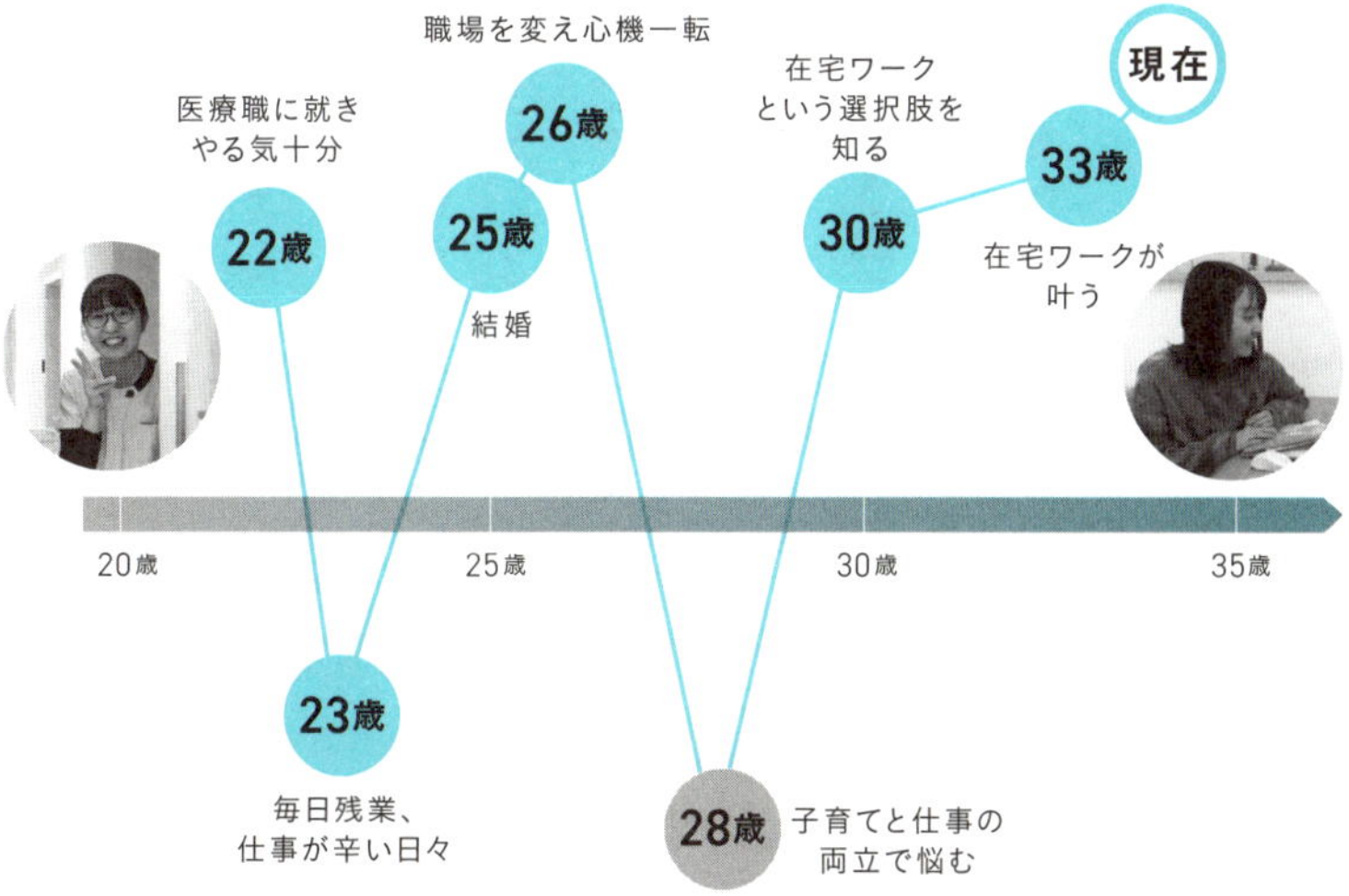

在宅ワークは通勤時間がない分、時間の融通がききやすいことが以前の仕事との大きな違いです。自分に合う時間に仕事ができることもメリットで、最近の私のお気に入りは早朝に作業することです。

医療職のころは朝起きると「今日も仕事か……」とため息をつく毎日でしたが、現在は自分が本当にやりたいことや一緒に働く人を選べるようになり、仕事に対するマイナスの感情がなくなりました。**朝、子どもと一緒に登校できることや、「おかえり」と言える今の生活を子どもが喜んでくれていることがうれしいですね。**

今後は、働き方に悩むママたちに、さまざまな選択肢や可能性を伝えることを目標にしています。特に地方に住んでいると、**在宅ワークという働き方を知らない人が多く、私が自宅で働いていることを話すと、想像がつかないのか「どういうこと⁉」と聞かれます。在宅ワークは地方では絶対に知り合えないような人たちと働ける機会があることも魅力の1つだと思います。**

特に地方に住むママたちに「自分の可能性を諦めなくてもいいんだよ」と伝えていきたいですね。

あつこさんの一日（イメージ）

	スケジュール
5:00	•起床・PC作業
6:00	•朝食・朝の準備
8:00	•子どもを保育園へ
8:30	•クライアントワーク
10:00	•チームメンバーと打ち合わせ
12:00	•昼食
13:00	•クライアントワーク
14:30	•子ども帰宅 宿題見守りつつ作業
16:00	•習い事へ/車で作業
17:30	•保育園から迎えて帰宅
18:00	•夕食
21:00	•PC作業
23:00	•就寝

あなたへのメッセージ

ライフステージによって自分の本当にしたいことを我慢したりすること、ありますよね。**でも、スキルを身につけ働き方を選択すれば、なにひとつ諦めなくていい世界を自分の力で作ることができます。**理想を叶えるため頑張りましょう！

13

元会社員　転勤族　3児のママ

転勤妻でもキャリアを築けた3児のママの挑戦

インスタ運用代行
しまさん

フルリモートで経済的にも気持ちにも余裕

Instagramの運用代行やコンサルティングを行い、サロンオーナーなど地域のお店を経営するお客様のサポートをしています。

また、スクールではマーケティングとカスタマーサポートを担当。コーチやメンターとしても活動しています。

プライベートでは9歳の双子と4歳になる子どもを持つ3人のママ。転勤族の妻として、仕事と育児を両立しながら、充実した毎日を送っています。

もとは**会社員として働いていましたが、夫の転勤が多く、最初の子どもが双子と判明したのを機に退職。その後、ヨガインストラクターの資格を取得したものの、収入は多くても月に2万円ほどで経済的に厳しい状況でした。**夫の転勤の度に生徒を募集する必要があるため、継続的にキャリアを築くことができずに悩んでいました。

転勤族という立場は、転職活動をしていても不利に働くことが多く、自分の経験やスキルを積み重ねられない

	Before	After
仕事	専業主婦	インスタ運用代行、インスタ集客サポート、カスタマーサポート
スキル	営業スキル、接客スキル	PCスキル、事務スキル、マーケティングスキル、SNS運用スキル、コーチングスキル
収入	月収2万円（ヨガインストラクター）	参加半年で月収30万円

ジレンマを抱えていました。

そんな中、子育てとの両立や場所にとらわれないで働くことができる在宅ワークの可能性に気づき新たな挑戦を決意しました。でも、なにからはじめればいいのか、自分になにができるのか、全く見当もつきませんでした。

そんなとき、スクールの存在を知り、パソコンさえあればどこでも仕事ができる環境に惹かれました。転勤を恐れずに自分のキャリアを築き、子どもたちに胸を張って生き方を示せる母親になりたい私にぴったり！　そう思って、スクールへの参加を決意し、新たな人生の一歩を踏み出したのです。**夫には一切相談せず、参加したあとに「家事も育児も転勤も対応できるように頑張ってみる！」と事後報告をしましたが、あまり関心がないようでした。**

7年とブランクが長かったこともあり、パソコンスキルはもちろんチャットなどのビジネスツールも一から学ぶ必要があり、戸惑うことも少なくなかったです。それでも諦めませんでした。

スクールの同期メンバーの活躍を見て刺激を受け、モチベーションを保ちつつスキルアップに励みました。**努力のかいあって挑戦をはじめてからわずか半年で、目標と**

していた月収30万円を達成。

しかし**収入面での目標は達成しましたが、家庭と仕事の両立は想像以上に大変で、スケジュール管理やタスク管理にも苦戦し、時間が足りない状況に陥りました。**

そこで90日でフリーランスの必須マインドを身につける「集中育成プログラム」に参加。そのプログラムでタスク管理やスケジュール管理、時短テクニックを学び、実践することで、限られた時間の中でも成果を上げられる働き方を身につけることができました。

現在、Instagramの運用サポートをする傍ら、マーケティングやカスタマーサポートでも活動しています。

しまさんの人生のグラフ

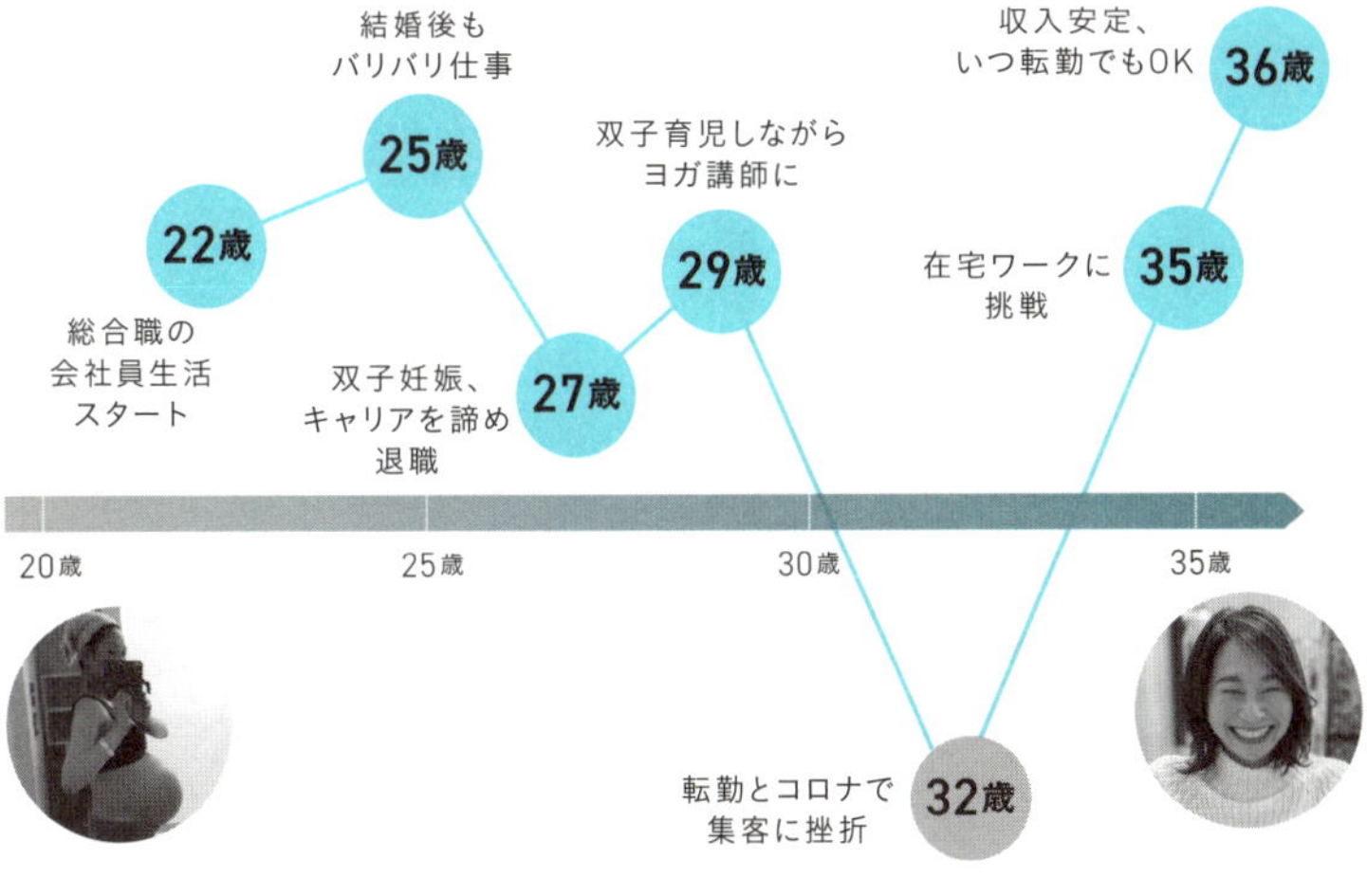
結婚後も
バリバリ仕事
収入安定、
いつ転勤でもOK
36歳
25歳
双子育児しながら
ヨガ講師に
22歳
29歳
在宅ワークに
挑戦
35歳
総合職の
会社員生活
スタート
双子妊娠、
キャリアを諦め
退職
27歳
20歳
25歳
30歳
35歳
転勤とコロナで
集客に挫折
32歳

在宅ワークという働き方に変わったことで、転勤を怖がる必要がなくなり、むしろ楽しみになりました。経済的に余裕が生まれ、自分の好きなことや子どもたちのやりたいことを応援できるようになりました。当初は無関心だった夫も、今では休日の食事や子どもと遊ぶなど協力的になり、応援してくれています。

でも、一番の大きな変化は他人を羨ましがらなくなったことだと思います。

以前は、「子どもが双子じゃなかったら」とか「転勤がなければ」と〝たられば〟ばかり思っていました。それが、この働き方を選んでからは、自分で道を作っていくことができるという自信がつきました。

さらに、**子どもたちの将来に対する考え方にも変化が起きました。以前は、子どもたちが「YouTuberになりたい」「社長になりたい」といった夢を語っても「勉強して、いい大学に行って、いい会社に就職しなさい」としか言えませんでした。しかし今は、「いいね！　どんな発信をするの？」と、ワクワクしながら子どもの話を聞けるようになりました。**

今後の目標は、これからもやりがいを感じられる仕事を続けていくこと。スキルアップを重ね、より効率的に働いて子どもたちとの時間を増やしていきたいです。

しまさんの一日（イメージ）

	スケジュール
5:30	・起床、趣味のヨガや筋トレ、スケジュール確認
6:30	・家事、子ども達送り出し
10:00	・クライアントワーク（面談など）
12:00	・昼食
13:00	・クライアントワーク（面談など）
15:00	・小学生帰宅、おやつタイム
16:00	・幼稚園児帰宅、夕食作り
17:00	・夕食
21:00	・子どもたちと家事、読書
22:00	・就寝

あなたへのメッセージ

在宅ワークという選択肢を手に入れてからは、**転勤や長期帰省にも合わせてバリバリ働ける環境を自分で作ることができました。**転勤族でも大丈夫！　境遇を嘆くよりも、自分でキャリアを作っていきましょう！

14

元飲食業　病気　ママ

激務から脱却！育児ストレス減り収入2倍を達成

オンライン秘書
みささん

限界会社員からオンライン秘書で人生一変

現在、フリーランスのオンライン秘書として活動しています。起業家や事業主、インフルエンサーの方々のサポート業務、SNS運用代行、ファシリテーター、ライティングなど多岐にわたる業務を行っています。チーム化して仕事に取り組みつつ、プライベートでは5歳の娘の母でもあります。

以前は飲食業界で10年間勤務し、最終的には店長として1日最大18時間働くこともあるくらい忙しい生活でした。プライベートはほぼなく、寝て起きて仕事に行くだけの日々。

その後、パニック障害を患いそのタイミングで妊娠・出産があり時短勤務となりました。しかし、夫は多忙で休日も合わず、子育てと仕事の両立に疲弊。常にイライラや不安を感じる状況が続き、このままではいけないと感じはじめました。仕事は大好きでしたが、家族との時間も大切にしたいという思いが強くなり、新しい働き方を模索するようになりました。

	Before	After
仕事	会社員	オンライン秘書
スキル	接客スキル	PCスキル、事務スキル、マネジメントスキル、SNS運用スキル
収入	時短の会社員時代は月収15万円、副業ゼロ。フリーランスになってからは3ヶ月収入ゼロ。	月収50万円超え、会社員時代の3倍超

会社員以外の働き方に興味を持ちはじめ、自分の市場価値を上げるにはどうしたらいいのか、真剣に考えるようになりました。

そんなときインスタである女性起業家の存在を知り、新しい働き方に興味を持ちました。在宅で高収入を得られるスキルを身につけて、新しい働き方をすることを目指し、**情報商材を購入。同じような活動をはじめてみましたが、全く成果は出ません。本業と家庭の両立に加え、学習と発信でますます疲弊。副業として全く成果が出ず、家族関係もギスギスしていきました。**

あるとき一家全員がコロナに感染。すべての仕事を休んで久しぶりに家族と一緒に過ごしたら、それだけで十分幸せなんだと気づきました。ずっとなにかを足して自分を追い詰めるのはやめようと退職を決断。フリーランスになり、最初の3ヶ月間は収入ゼロ。**会社員時代の考え方が通用せず、退職金が一瞬で消え、自信を失いました。**貯金が底をつき、苦しい時期もありましたが、そのときにたまたま在宅ワークを支援するスクールと出会います。

当初はインスタ運用の正しい知識をつける目的で学びはじめましたが、スクールでの**自己分析や目標設定や企画参加を通じて、やりたいことが変化していきました。**そして、オンライン秘書という仕事に出会い、可能性を感じてこの道を極めると決心。**「1ミリでもできそうなことはすべてやる」と、先行く人の行動の量やスピード、言動を徹底的に真似して自分のものにしていき、なにか1つでもピカイチを作る努力を重ねてきました。**

結果、評価され高単価の仕事を任されるように。自ら積極的にチャンスを掴む姿勢で、スキルゼロでも仕事の幅が広がりました。

この1年で収入が5倍に増加するという大きな変化があり、今は会社員時代の3倍の収入を達成しています。

みささんの人生のグラフ

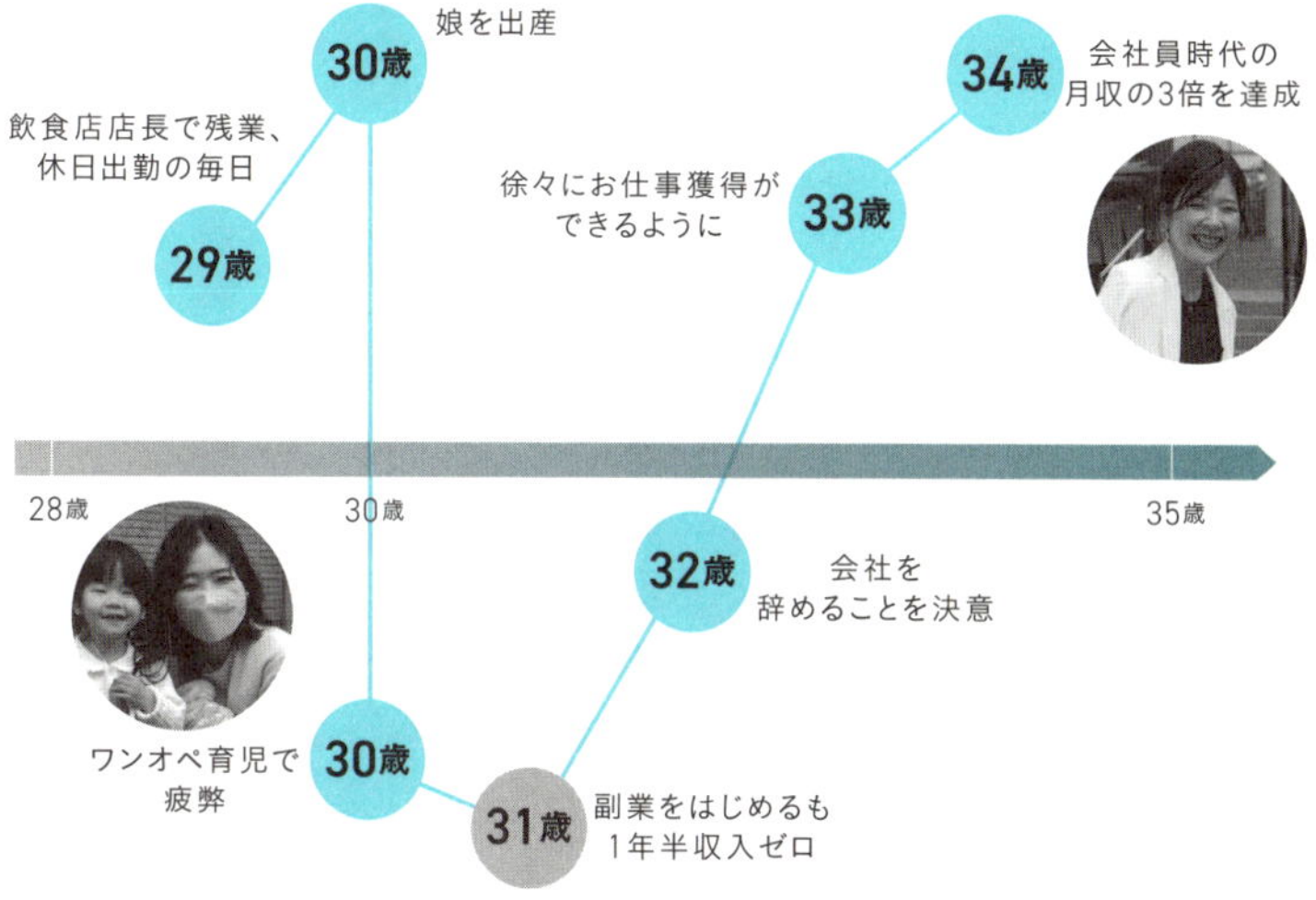
28歳
30歳
35歳
29歳
飲食店店長で残業、休日出勤の毎日
30歳
娘を出産
30歳
ワンオペ育児で疲弊
31歳
副業をはじめるも1年半収入ゼロ
32歳
会社を辞めることを決意
33歳
徐々にお仕事獲得ができるように
34歳
会社員時代の月収の3倍を達成

現在はフリーランスのオンライン秘書をしています。事業主やインフルエンサーの方々のサポート業務を担当し、SNS運用代行、ファシリテーター、ライティングなど仕事内容はさまざまです。**手がまわらないけれど外部に頼むにはコストがかかりすぎる仕事を、一括で請け負える人材として活動しています。**以前の長時間労働から完全な在宅でのリモートワークになり、仕事時間を自分でコントロールできるようになりました。たとえば土曜日の午前中は仕事時間として確保し、他の時間は家族と過ごすなど柔軟に調整しています。

そして夫の転勤への不安もなくなり、子育てと仕事の両立がしやすくなりました。今後の目標は、まずチームを拡大することです。メンバーを増やしてより多くの仕事を請け負いたいと考えています。**将来的には会社設立も視野に入れており、私と同じように働き方で悩む女性たちを支援できる存在になりたいです。**

プライベートでは家族との時間を増やすことが目標です。私の収入が増えることで夫の働き方の選択肢も広がり、家族時間を大切にできるようになることを目指しています。また、自分の時間も確保できるようチームメンバーに仕事を任せ、仕事の成長と家族との時間の両立を目指しています。

みささんの一日（イメージ）

	スケジュール
6:00	・起床
8:30	・娘の送迎
9:00	・お仕事スタート（クライアントワーク）
11:30	・お昼ごはん 夕食の下ごしらえ（家事）
12:00	・クライアントワーク（MTGなど）
16:30	・休憩&残りの家事
17:00	・お迎え
18:00	・夕食
22:00	・学習orクライアントワーク
24:30	・就寝

あなたへのメッセージ

できない理由って探すとキリがない。「できるかわからないけどやりたい」と思ったときが行動するタイミングです。自分の理想に貪欲になってください！　行動している人は必ず誰かが見ていてくれるもの。あなたの思いを潰さず前に進んでください。

15

元会社員 結婚 出産

将来の不安を解消 SNS運用代行で出産を経ても活躍

SNS運用代行・コンサルタント
maiさん

ライフステージ変化に影響されないキャリア

フリーランスでSNS運用代行やインスタコンサルとして活動しています。家族は夫と、0歳の子どもとの3人暮らしです。

低単価に苦しみ、結婚や出産など将来のライフイベントに怯えていた過去から脱却。現在は7つの企業のSNSアカウントをチームで運用しています。仕事の時間は減り収入は3倍に。現在は仕事と育児、家事を両立させることに奮闘中です。

以前は会社員として働いていましたが、残業が多く1年足らずで退職しました。勤務年数が短いため転職エージェントへの登録もできず、学歴不問の会社をはじめ職を転々。そうしているうちに、コロナ禍で転職自体が難しい状況になってしまいました。

「なにもしないよりは動いた方がいい」とはじめたのがライターの仕事です。フリーランスで化粧品関連のライティングを担当。夕方から夜、業務量が多ければ深夜まで作業をするなど、独身ならではの働き方をしていました。ただ、文字単価は高くても1.5円。収入は土日問

	Before	After
仕事	フリーランス	企業のインスタ・X運用、店舗のインスタコンサル、スクール講師
スキル	PCスキル、事務スキル	マネジメントスキル、マーケティングスキル、SNS運用スキル
収入	企業のインスタ運用2件（モニター、成果報酬）コスメ系のライティング（文字単価1〜1.5円が多め、単発案件は5万くらい）	beforeよりも月収3倍（稼働時間は半分くらい）

わずか働いてやっと1人暮らしができる程度でした。

低単価で疲弊する毎日でしたが他に選択肢がない状態が続きました。ただ、**家族から在宅フリーランスへの挑戦を反対されなかったのはラッキーでした。** **一方で「在宅ワークは怪しげ」という風潮もあったのも事実です。** **大半の友人は応援してくれていましたが「maiが怪しいことをはじめたらしい」と離れていった友人もいました。**

コロナ禍が落ちついたころにはある程度の成果を出せていましたが、休みなく働くのはきつかったですね。

ちょうどそのころ現在の夫と出会ってつきあいはじめたのですが、プライベートに使える時間の少なさに気づかされることになりました。**その後の結婚や出産、育児などを考えると、休みを十分にとれない働き方は不安しかありませんでした。** そこで、働き方を変えるため、一念発起してスクールで学ぶことを決意しました。

もともとライティングスキルはあったので、パソコンや事務のスキル、マーケティングやマネジメントのスキル、そして正しいSNS運用スキルを身につけ、企業のSNS運用代行をメインに仕事をすることになりました。

現在、7アカウントを担当していますが、チーム化することで以前より稼働時間を減らしながらも収入が増えることになりました。

かつてのライターの仕事は誰にでもできる内容が多く、単価アップも期待できませんでした。一方でSNS運用代行は継続が前提で、集客に直結する仕事です。ライター業と比べて他の仕事を巻き取りやすく、案件の規模感にも変化が生まれ、私だからこそできる仕事へと進化しました。

現在は店舗のインスタコンサルやスクールの講師としての活動もしていて、仕事の幅が広がっています。

ただ、子どもが生まれたあとは、作業時

maiさんの人生のグラフ

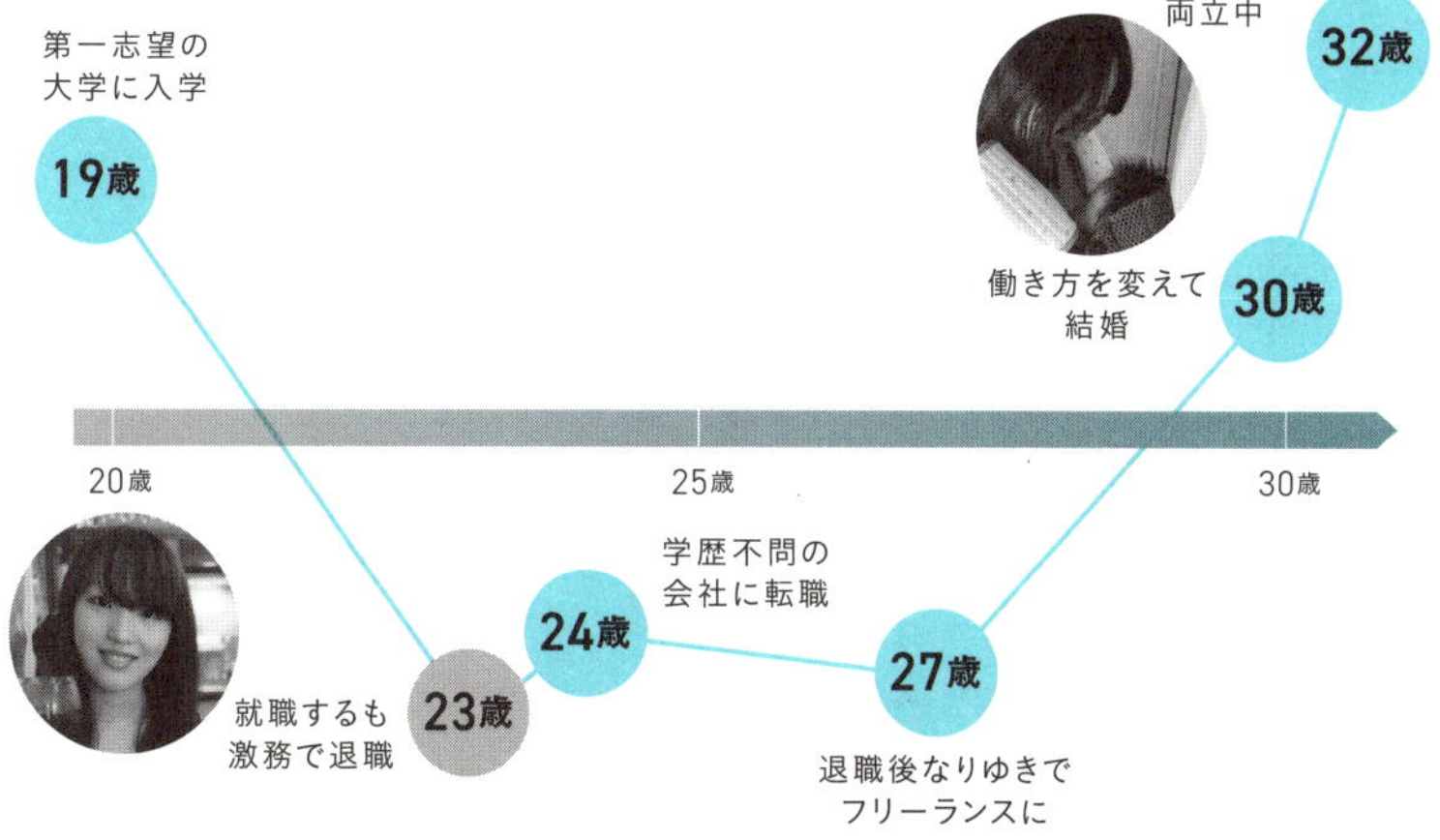
第一志望の
大学に入学
19歳
20歳
就職するも
激務で退職
23歳
24歳
学歴不問の
会社に転職
25歳
27歳
退職後なりゆきで
フリーランスに
30歳
働き方を変えて
結婚
30歳
子育てと仕事を
両立中
32歳

間の確保が課題になりました。幸い子どもが体調を崩すことは少ないものの、とにかく夜遅くまで寝ないタイプ。

寝かしつけに深夜0時ごろまでかかることもあり、遅い時間までの仕事がしにくい日々が続いています。私自身の負担を軽くするためにも時間管理を改めて検討したいと思っています。

今は子どもが保育園に行っている間に集中して働き、帰ってきたあとは育児にフルコミット！　仕事量が多いときは、家事や育児の間にスマホでチェックできる軽めの作業だけを行うなど、メリハリをつけてこなしています。

収入が以前より増えたため、お金への価値観や物を選ぶ基準が変わりました。結婚式や引っ越し、出産、車の購入などと出費の多いライフイベントが続きましたが、金額に振りまわされず、自分の希望や欲しい物を優先できるようになりました。

子どもが3～4歳になるころまでには、チーム化をさらに進め、新しい事業にも取り組み、子どもとの時間も大事にしながら、さらなる収入アップと稼働時間の削減を目指しています。

あなたへのメッセージ

「このままじゃいけない」と感じているなら、**変われる環境に身を置くことが大切。**そうすれば、自然と理想に近づける、というのが私の実感です。大事なのは〝変わろうとする勇気〟なんじゃないかなと思います。

maiさんの一日（イメージ）

	スケジュール
6:30	・起床・自分の身支度
7:30	・子ども起床・身支度
8:30	・保育園送り
9:00	・添削
12:00	・昼食
13:00	・クライアントワーク
17:00	・保育園お迎え
19:00	・家族で夕食
20:00	・お風呂、子どもと遊ぶ
23:00	・子ども就寝
23:30	・片付けして就寝

16

アパレル兼業　介護　オーバーワーク

家族の介護のため本業＋副業で働き方改革！

インスタ運用代行・カスタマーサポート
きむさん

いつでも家族のそばにいられる安心な働き方へ

本業はアパレルショップで接客をしていて、副業でインスタ運用代行とカスタマーサポートをしています。

両親が2人とも病気になり、仕事でなかなか両親のそばにいられなかったことがきっかけで本業だけの働き方に疑問を持つようになりました。そこで、時間の融通がきく在宅ワークを副業としてはじめました。

現在は、アパレル販売員をしながら在宅ワークを兼務。今後はいつでも家族のそばにいられる働き方の実現を目指しています。

以前はアパレルショップでの接客の仕事だけをしていました。責任のあるポジションに就いていたため、スタッフのシフトの融通がきかなかったり人手不足だったりするときは、私がシフトに入ってフォローするなどで、勤務時間が延長されることがたびたびありました。そんな中両親の病気が発覚したのです。

両親のそばにいたい気持ちがあっても勤務時間もまちまちで長時間になることも多く、また収入面でもアパレ

	Before	After
仕事	会社員	本業＋インスタ運用代行、LINEカスタマーサポート業務
スキル	接客スキル、マネジメントスキル	PCスキル、SNS運用スキル、AIスキル、LINEカスタマーサポートスキル
収入	本業のみ26万円	副業0→1達成

ルショップの収入だけでは不安でした。

これからのライフステージでさらに両親の介護が必要になる状況を考え、なにかあったときに自由に動ける働き方を実現したいという気持ちが生まれ、別の働き方を模索しはじめました。

そこから、在宅ワークについて調べるようになりました。

調べはじめたとき「インフルエンサーでなくてもインスタ運用代行という形で仕事ができる」という事実を初めて知りました。

でも、当時の私はアカウントを持ってはいるもののSNSは見るだけで投稿したことはありませんでした。アパレルショップでは接客の仕事でしたし、それまで経験したアルバイトも飲食店での接客ばかりだったので、私にできることは接客だけだと思っていました。でも、やはり将来を考えたときに、いつでも家族のもとに駆けつけてそばにいられる働き方を実現したかったので、スクールに入って新しい学びに挑戦することにしました。

初めはゼロからのスタートだったこともあり、いつも自分だけが取り残されているような感じがして焦りました。自分の気持ちとの向き合い方や、本業をしながら学習の時間を作ることも難しかったです。

　転機になったのは集中的に取り組む企画に参加したことでした。**私と同じように在宅ワークを目指す仲間に出会って励みになり、前向きに取り組めるようになりました。**課題だった学習時間の作り方は、作業を細分化し隙間時間に取り組めばいいことがわかり、無事クリア！　今では通勤時間も立派な稼働時間です。

　現在のタイムスケジュールは、朝にインスタ運用代行業務をしてから出勤。通勤時

きむさんの人生のグラフ

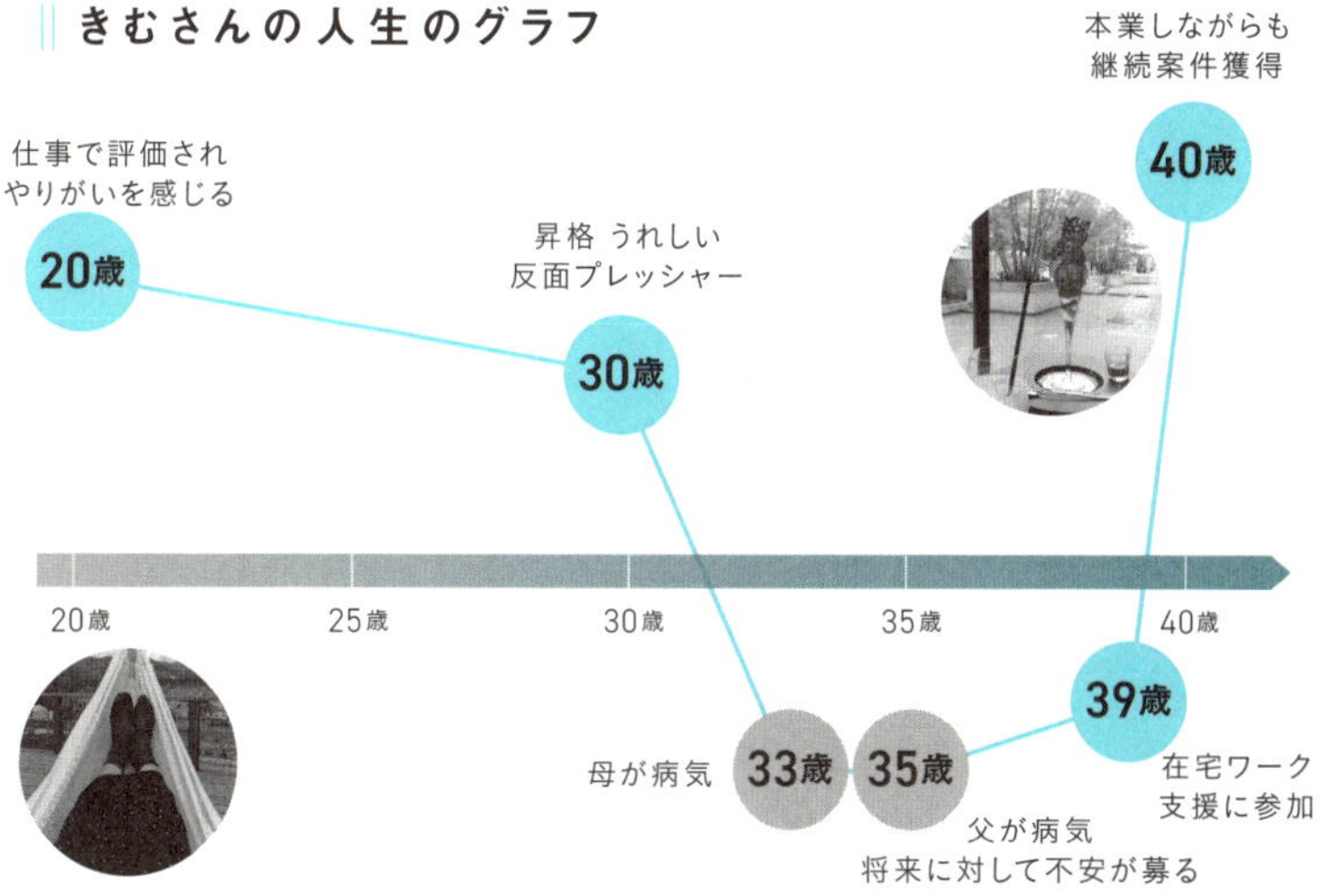

間はセミナーの動画を見たり、アーカイブを聞いたりして学習の時間に充てています。**副業として在宅ワークをする毎日は私にたくさんのことを与えてくれています。**まず、「私には接客しかできない」と思い込んでいたのにさまざまな仕事を経験する機会に恵まれたこと。そして、挑戦して達成した仕事の積み重ねから、本業も副業もどちらも選べるという選択肢が広がり自分に自信がつきました。その1つひとつが将来に向けての安心材料になっています。

今では、金額を気にしてためらっていた物が買え、なにかあれば家族のそばにすぐに駆けつけることができ、貯金額も増えて将来への不安が小さくなっています。

今後の目標は、アパレルショップを辞めて在宅ワークだけにすること。本業と同じぐらいの安定した収入が得られるようになったらいいですね。プライベートでは両親になにかあったときに寄り添える働き方をキープしつつ、自分の好きなことに躊躇なくお金を使えるようになりたいです！

あなたへのメッセージ

たとえ本業の時間が減っても休んでも、在宅ワークをしていることが安心材料になっています。スキルを身につけようと動いた自分を褒めたいです。もし、働き方に悩んでいるなら、ぜひ副業からでも在宅ワークに挑戦してみてください。

きむさんの一日（イメージ）

	スケジュール
7:30	・起床
8:00	・クライアントワークやAI学習
10:45	・出勤しながらリモラジオ聞く
12:00	・本業
21:30	・帰宅しながらアーカイブ聞く
22:30	・夕食／お風呂
23:30	・クライアントワークやAI学習
24:30	・就寝

17

闘病　営業職　兼業

人生の転機自身の闘病を期に柔軟な働き方へ

広告営業・SNSコンサルタント
ふみゃあさん

自分を大切に。余白のある人生を目指す

広告代理店で営業として働きながら、副業でSNSコンサルタントとして活動。本業の経験を活かし、企業のSNS運用のアドバイスや戦略立案をしています。

またスクールでは、フリーランスのマインドを身につけ集中して学ぶプログラムのトレーナーとしても活動していました。**予期せぬ病気がきっかけで、人生の転機を迎えましたが、家族の支えもあり、仕事と治療の両立を目指しつつ、新しい働き方にチャレンジし続けています。**

広告代理店では主に求人に関する広告営業を担当。フルタイムで働き、クライアントの人材募集のニーズに応える提案を行うことにやりがいを感じていました。

そんな中、突然、病気の診断を受けました。それまで仕事一筋だった私の人生に大きな転機が訪れることになったのです。治療が必要になったため、仕事や生活についても根本から見直さざるを得なくなりました。

健康と仕事のバランス、キャリアの方向性、自分の本当にやりたいことなど、今まであまり考えてこなかった

	Before	After
仕事	会社員	本業＋採用コンサル、SNS運用のサポート
スキル	PCスキル、営業スキル	事務スキル、マーケティングスキル、SNS運用スキル、コンサルティングスキル、トレーナースキル
収入	月収30万円	副業で＋月5万円

問題について、真剣に向き合うことになりました。

治療には副作用があり、それまでの仕事のスタイルを続けられるか不安でしたが、それでも仕事を続けながら治療することに決めました。そこで、在宅でもできる仕事はないかと、在宅ワークについて調べはじめ、オンラインスクールの存在を知りました。

スクールで学ぼうと思った理由は主に2つあります。1つは、お客様の方から問い合わせが来るような仕組み作りが学べることです。外まわりの営業活動が難しくなる中で、お客様の方から連絡が来る仕組みは理想的でした。

もう1つは、SNSのノウハウを身につけられること。若い世代の人材募集にはSNSが重要になっていて、最近ではお客様からSNS関連の相談が増えていました。この知識やスキルは今後、必ず活きると確信しました。

悩んだのは、仕事と治療をしながら新しいことをはじめる時間と体力があるのかということ。同僚からは「1度休職して治療に専念してはどうか」とアドバイスをもらいましたが、将来の選択肢を広げるには今この挑戦が必要だと考えました。

薬の副作用がきつい時期は仕事や治療との両立が難しく悩みましたが、スクールの仲間の存在が励みになりました。体調が悪くて勉強会に参加できないときも、メンバーが最新情報を共有してくれます。この絆が大きな支えになっていますね。学んだSNSスキルを本業に活かした結果、お客様との信頼関係が深まり、高単価受注が増えました。現在は空き時間を見つけては新しいスキルの習得に励んでいるところです。

長期的には「余白のある人生」を目指しています。在宅ワークで仕事と治療のバランスをとりながら、自分のやりたいことができる生活を送りたいです。

今後の目標は、対人コンサルの仕事を在

ふみゃあさんの人生のグラフ

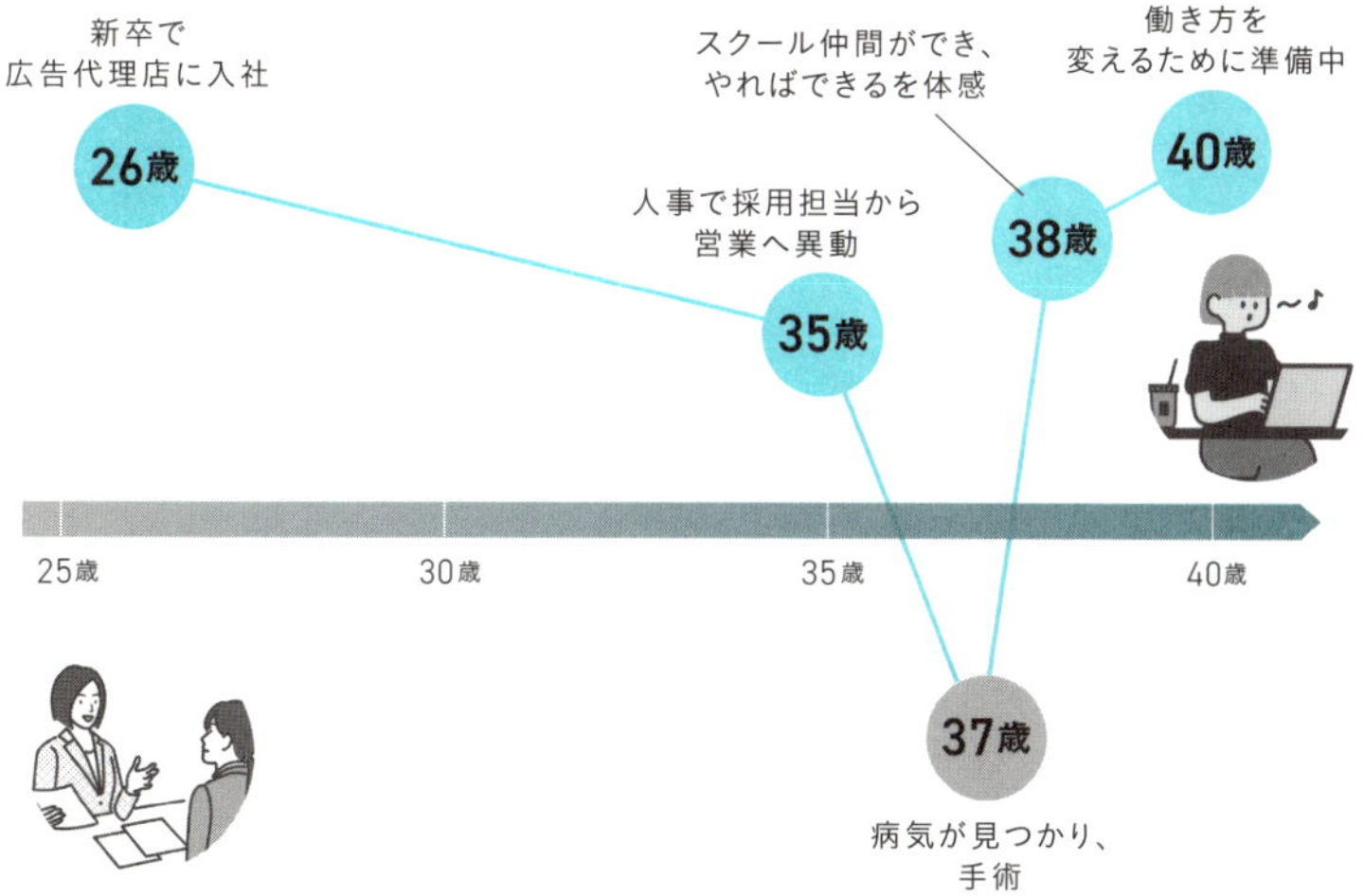
新卒で
広告代理店に入社
26歳
人事で採用担当から
営業へ異動
35歳
病気が見つかり、
手術
37歳
スクール仲間ができ、
やればできるを体感
38歳
働き方を
変えるために準備中
40歳
~♪
25歳
30歳
35歳
40歳

宅ワークではじめることです。

SNSを活用した集客ノウハウを磨き、さらに将来的には私が〝コンサル案件旅〟と呼んでいる夢の実現を目指しています。

〝コンサル案件旅〟とはお客様がいる場所をまわりながら全国を旅し、趣味の御朱印集めを楽しむという計画です。知らない街に行って仕事をしながら、その土地の文化や歴史に触れ、おいしいものを食べる。そんな一石何鳥もの生き方をしたいと思っています。

そのために今はSNSスキルの向上と、在宅ワークの基盤作りに力を入れています。スクールで得た知識と仲間の支えを糧に、1歩ずつ前進していきたいです。

ふみゃあさんの一日（イメージ）

	スケジュール
6:00	• 起床
7:00	• クライアントワーク（リサーチなど）
10:00	• 仕事
20:00	• 帰宅
21:00	• リモ部屋学習
24:00	• 就寝

あなたへのメッセージ

苦手なことを無理に頑張る時代ではありません。得意で楽しくて、人に求められていることをする方がハッピーになれます。働き方を変えたいと思う今、きっと面白そうなものが見えているはず。その瞬間を逃さずに、挑戦してみてください。

18

元エステシャン
海外移住
プレママ

長時間労働からマレーシア移住で夢の海外生活実現

オンライン秘書・Notionコンサル・講師
れいなさん

Notionで広がる自由なキャリアと人生

現在、フリーランスでオンライン秘書、Notionコンサルタント、Notion講師として活動しています。自分のペースで仕事を進め、プライベートとバランスをとりながら、充実した日々を送っています。

そして、1年半前からマレーシアに移住。現地の暮らしを楽しみながら仕事をしています。海外にいても仕事ができるフリーランスになって本当に良かったと感じています。

以前はエステティシャンとして3年間正社員で働いていました。労働時間が長く、精神的にも体力的にも限界を感じる毎日。1日12時間ほどの勤務が続く中、ストレスから過食に陥り体重も激増。このままでは健康もキャリアも崩壊すると感じ、退職を決意しました。

退職後、ライティングの仕事をはじめ、SEO記事を中心に書いて収入を得ていましたが、それでも月5万～10万円程度の収入でした。このままではすぐに限界が来

	Before	After
仕事	フリーランス	インスタ運用代行、Notionコンサル、Notion講師
スキル	PCスキル、営業スキル、接客スキル、ライティング	事務スキル、マーケティングスキル、SNS運用スキル、コンサルティングスキル
収入	ライティングで月5～10万円	月収30万～60万円

ると感じはじめていました。

そんなときに、NotionやSNS運用に興味を持ち、タスク管理や情報整理の効率化を学びはじめました。特にNotionの使いやすさに惹かれ、これがキャリアの転機に。Notionが好きで趣味の延長のように使用していたら他の人より使えるようになり、新しい仕事に結びつきました。

今までの経験の点と点が繋がって、今の働き方になっています。

フリーランスとして自分のキャリアを築くことへの不安は確かにありましたが、同じような働き方をしている人たちと交流することで、モチベーションを保ち続けることができました。

フリーランスとして働く上で、最も苦労したのは時間管理です。自分の体調や仕事のペースに合わせたスケジュールを立てるのは思った以上に難しく、特に体調を崩したときには収入が減ってしまう不安がありました。

それを解消するため、情報をインプットする際には、なにが本当に必要なのかを意識するようにしました。そうすることで効率的に学びつつ、仕事と生活のバランスがとれ、自分のペースを大切にしながらもクライアントの期待に応えることができるようになりました。

在宅ワークでうれしかったのは通勤に時間をとられる生活から解放されたことです。家族と過ごす時間が得られ、自分のペースで働くことで自由な時間も手に入れることができました。かつて感じていたストレスを感じることがなくなりました。

れいなさんの人生のグラフ

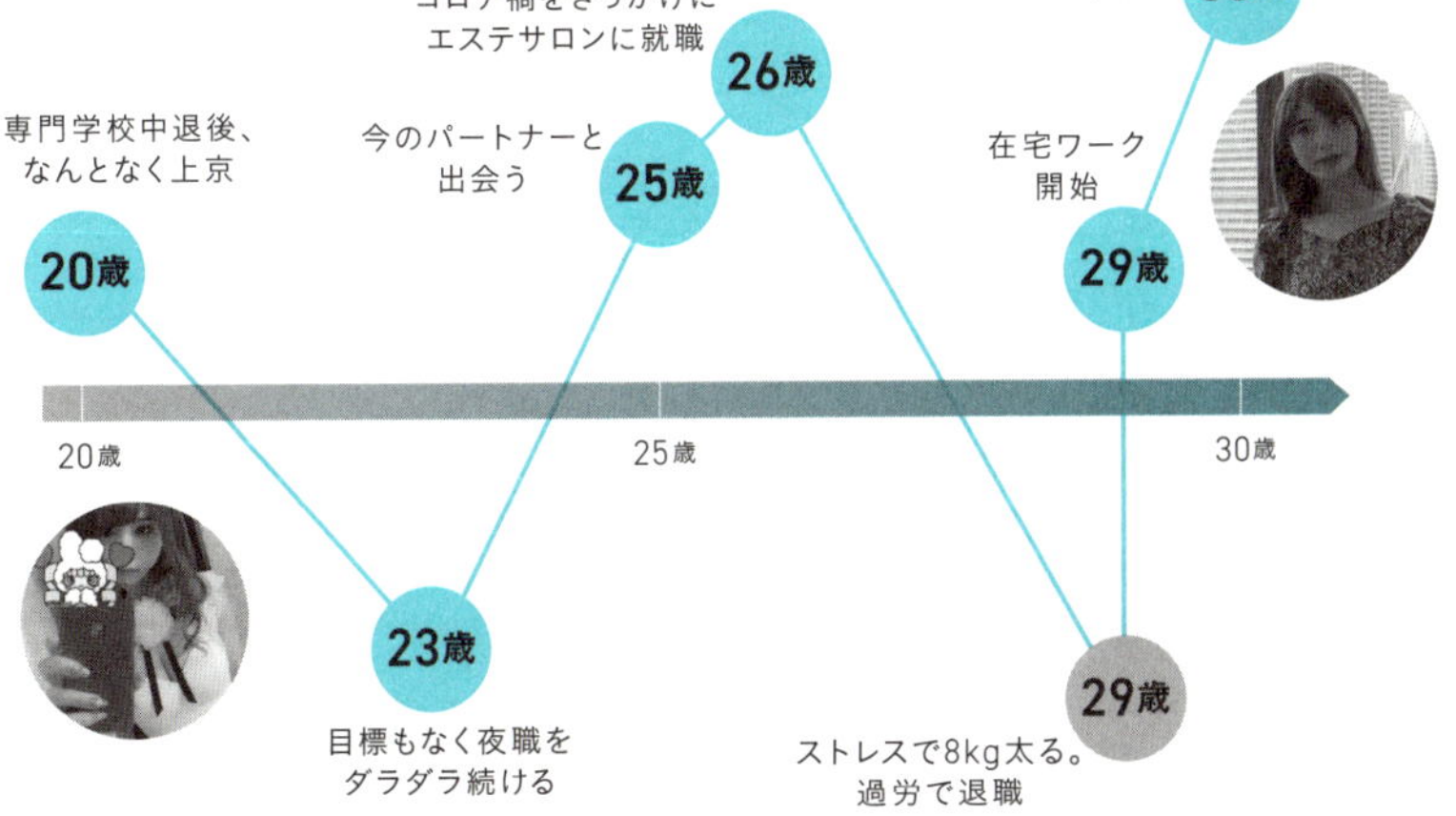
コロナ禍をきっかけにエステサロンに就職
パートナーと法人設立→マレーシア移住
30歳

現在はNotionのコンサルタントや講師として活動しており、Notionの構築や活用法をクライアントに提案し、タスク管理やプロジェクト管理などの業務効率化に貢献しています。また、自分自身もNotionを活用して仕事の進行管理や情報整理を行っています。これによりさらに効率的に働くことができるようになりました。

ライフスタイルも大きく変わり、現在はマレーシアに住んでいます。海外移住は、フリーランスでリモートワークだからこそ実現できたもので、場所に縛られず働けることが大きなメリットです。

特に妊娠中の今、体調に合わせて仕事のペースを調整できるのは、リモートワークならではの利点。今後も家族との時間を大切にしつつ、仕事と両立させるライフスタイルを継続していきたいです。

今後の目標は、自分の商品や講座をさらに発展させ、より多くの人に価値を提供できるようになることです。得意分野を活かしながら、社会に貢献できる仕事をしていきたいと思っています。

あなたへのメッセージ

ライフステージの変化が多くその度に悩みがちな女性こそ、在宅ワークスキルが重要です。**自分で収入を得られるという自信が、日々ご機嫌で過ごせる秘訣です。迷う時間はもったいない！　今、あなたができることからやってみませんか？**

れいなさんの一日（イメージ）

	スケジュール
11:00	起床
12:00	ランチ
13:00	作業
17:00	定例MTG
18:00	作業・勉強など
21:00	夕食
22:00	パートナーとの時間
26:00	就寝

19

元アパレル　結婚　出産　2拠点生活

販売員から収入は4倍に！韓国と2拠点生活

オンライン秘書
あちさん

コロナ禍で仕事激減。大量行動が理想を叶える

現在フリーランスのオンライン秘書をしています。SNS運用やWebサイト制作、カスタマーサポートなどを請け負い、ビジネスをサポートしています。

以前はアパレル販売員として働いていましたが、コロナで仕事が激減して在宅ワークの道へ。**大好きな韓国との2拠点生活も楽しむことができるようになりました。現在は娘が産まれ、自分のペースで仕事と育児を両立しています。**

在宅ワークをはじめる前はアパレルの販売員でした。期間限定のポップアップストアなどで販売を担当し、毎回場所や対象年齢層が変わる派遣社員のような働き方をしていました。

韓国への旅行が大好きだった私は、好きなときに休暇をとれる自由な働き方をしたいと思っていたので、フリーランスとして販売員をするという仕事は私にはぴったりな選択だと思っていました。

	Before	After
仕事	フリーランス	インスタ運用代行、バックオフィス系事務、デザイン作成、マネジメント
スキル	PCスキル、接客スキル	事務スキル、マネジメントスキル、マーケティングスキル、SNS運用スキル、コンサルティングスキル
収入	接客業で月収20万円前後	接客業時より月収3～4倍

ところが、**コロナ禍の影響で百貨店や商業施設が閉鎖され、突然仕事がなくなってしまいました。**韓国に行けなくなったことも相まって、「これはまずい！　働き方や環境を変えなくては」という気持ちが大きくなりました。そこで**「韓国に行きながらでもできる仕事」を探そうと決意しました。**探した結果、考えたのが在宅ワークのスキルを勉強することでした。

しかし、「まずは行動！」と意気込んでみたものの、私の道のりは、まさにまわり道という感じでした。デザイン、ライティング、動画編集、アフィリエイト。ありとあらゆる仕事を片っ端から勉強してみましたが成果は上がりませんでした。

まず、**デザインを勉強して在宅で仕事をすることを目指したのですが、現実は甘くありません。納期に追われる日々で、時間に縛られる苦しさは以前とあまり変わらなかったのです。**会社に所属して業務を委託されるという選択肢もありましたが、そうすると自由に時間がとれなくなって好きなときに韓国へ行くという夢が叶わなくなってしまいます。それでも諦めずに行動し続けた結果、だんだん自分になにが向いているのかが見えてきました。**最初は韓国に行きながら働けるスキルがほしいと思い、た**

ただがむしゃらに動いていたのですが、1年後、3年後を見据えながら、着実にスキルアップや収入アップを目指せるようになりました。その結果、今では販売員時代の3～4倍の収入を得られるようになりました。

現在は、フリーランスのオンライン秘書として、SNS運用代行、Webデザイン、ホームページ制作、カスタマーサポートなど、多岐にわたる業務でクライアントのビジネスをサポートし、多くの経験を積むことができています。

まさに「好きなときに、好きな場所で、好きな働き方を」が実現できました！ア

あちさんの人生のグラフ

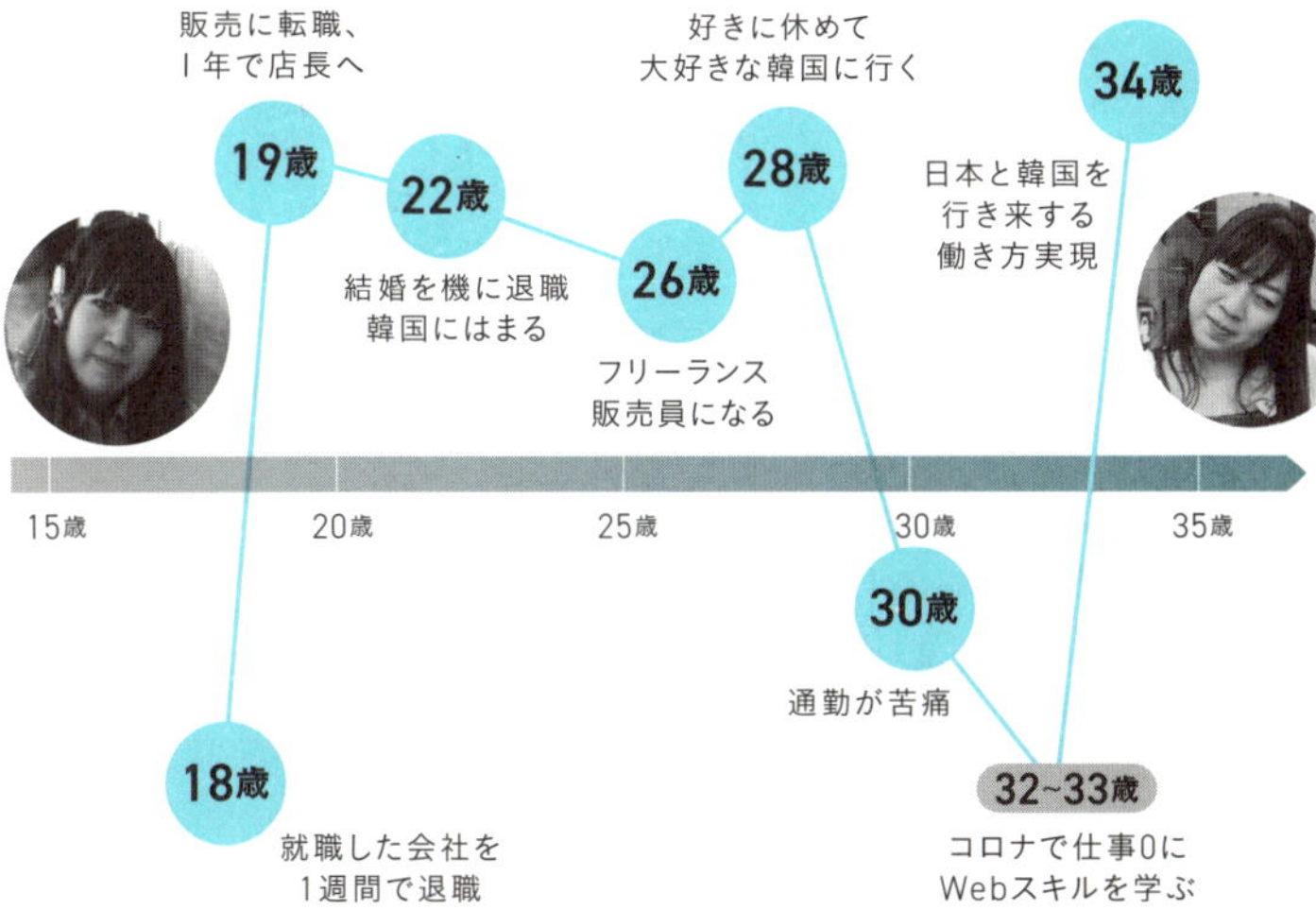
販売に転職、
1年で店長へ
19歳
22歳
結婚を機に退職
韓国にはまる
26歳
フリーランス
販売員になる
好きに休めて
大好きな韓国に行く
28歳
34歳
日本と韓国を
行き来する
働き方実現
15歳
20歳
25歳
30歳
35歳
30歳
通勤が苦痛
18歳
就職した会社を
1週間で退職
32~33歳
コロナで仕事0に
Webスキルを学ぶ

パレル販売員のときは、電車通勤するのも苦手で……。販売は好きだけど電車で行きたくないと思っていました。なので、自分で働く場所が選べるのはすごく良かったなと思っています。

また、航空券の値段を気にせず韓国へ行けるようになったことも大きな変化です。航空券は旅行日の直前に予約すると値段が高いのですが、それを気にせず前日に予約して翌日行くということができるようになりました。韓国での滞在中は、朝早く起きて仕事をして、日中は観光スポットを巡り、カフェで仕事をすることも。夜はまた観光して遊んで……というふうに仕事と遊びを繰り返しています。韓国で過ごすとリフレッシュできるんです。「韓国で仕事してる」って思うとテンションがあがります。

今後は、さらに仕事の幅を広げてより多くの人と関わりながら仕事をしていきたいと考えています。プライベートでは、娘が韓国好きに育ってほしいという願いもあり、一緒にＫ－ＰＯＰなどのコンサートに行きたいと思っています。これからも好きなときに好きなだけ韓国に行ったり、家族で旅行したりしたいと思っています。

あなたへのメッセージ

ライフステージや環境に合わせた理想の働き方を手に入れるには、がむしゃらに行動しないといけない時期があります。でも、その頑張りは必ず報われます。最初は「とりあえずやってみよう！」くらいの感覚ではじめるのがおすすめです。

あちさんの一日（イメージ）

	韓国滞在時のスケジュール
6:30	起床
7:00	ホテルでお仕事
12:00	昼食／観光
15:00	カフェでお仕事
19:00	夕食
20:00	観光
22:00	ホテル帰宅／作業
24:30	就寝

	産後の育児しながらのスケジュール
6:00	起床／スケジュール確認
6:30	連絡返信／作業
8:30	娘と朝ごはん
10:00	娘と遊び
12:00	昼食
14:00	娘のお昼寝時間に仕事
15:30	おやつ
16:00	娘とわんこと散歩
18:30	夕食
20:00	仕事
24:00	就寝

20

元パート　ママ

育休復帰叶わず在宅ワークに挑戦家族の時間実現

Webデザイナー
しおりさん

90日間の本気行動で、動けない自分を卒業

長崎でフリーランスとしてWebデザイン、グラフィックデザイン、インスタ運用代行をしています。夫と保育園児の子どもが2人の4人家族です。

かつてはアパレル業界でパートをしていましたが、第2子出産後の育休復帰が叶わなかったことをきっかけに在宅ワークへ転身。

今は子ども中心の生活をしながら、家で在宅ワークを実現しています。デザイン以外にトレーナー、キャリアコーチの仕事もしています。

パートでアパレルの販売員をしていたころは、子どもを大急ぎで保育園に預けて職場に行き、退勤したらそのまま保育園にお迎えに行くドタバタな毎日。下の子の妊娠が発覚し、産休・育休を取得。復帰する前提だったので、保育園の手続きなどは早めに済ませて準備していました。

でも、いざ復帰しようとしたら、会社から現場復帰で

	Before	After
仕事	パート	Webデザイン、グラフィックデザイン、インスタ運用代行
スキル	PCスキル、事務スキル、接客スキル	マーケティングスキル、SNS運用スキル、コンサルティングスキル、コーチングスキル
収入	月収7～10万円	月収20～25万円

はなく、家で店舗のＳＮＳやブログを手伝ってほしいと衝撃の提案が。育休復帰して現場でまた働こうと思っていたビジョンがガラガラと崩れました。提案された金額は、産休・育休前に働いていたパート収入の半分以下で１万円。それでは２人の子どもの保育料も全然賄えません。そこで、好きなアパレルを諦めて、他の仕事に就こうと退職を決めました。

一般的に保育園は親が働いていることが入園の条件です。私は職場復帰を前提に入園の手続きを済ませていたこともあり、退職して無職では子どもが保育園に入園できない可能性がありました。子どもが保育園に入園するには、私がなにか仕事をしている証明が必要不可欠でした。

でも、子どもがいながらの転職活動はなかなか厳しい現実があります。そこで、とりあえず外で働くよりは在宅で仕事をしようと考え、急いで開業届を提出。実は、産休・育休中に自分でＷｅｂデザインの勉強をして、クラウドソーシングサイトを通して１個１０００円のバナー作成の案件などの受注をしていました。そんな背景もあり、在宅ワークでデザインを極めていこうと考えました。

子どもも無事に保育園に入園でき、これから本格的に仕事を再開しようと決めたタイミングで、インスタであるデザイナーさんのアカウントを発見。自分も同じようにデザイナーとして活躍したい気持ちで、オンラインスクールに参加しました。しかしせっかく参加したのにもかかわらず、8ヶ月間もうまく活用できず月額費を払っているだけの状態。もう退会しようと思っていました。

そのタイミングで90日間集中して取り組む企画がスタート。継続力と自走力を身につけ、在宅ワークの基礎を固めるプログラムは、すばやく行動することができない私にぴったりで、最後のチャンスだと思い飛び込みました。

90日間必死で行動をしたら、1ヶ月のう

しおりさんの人生のグラフ

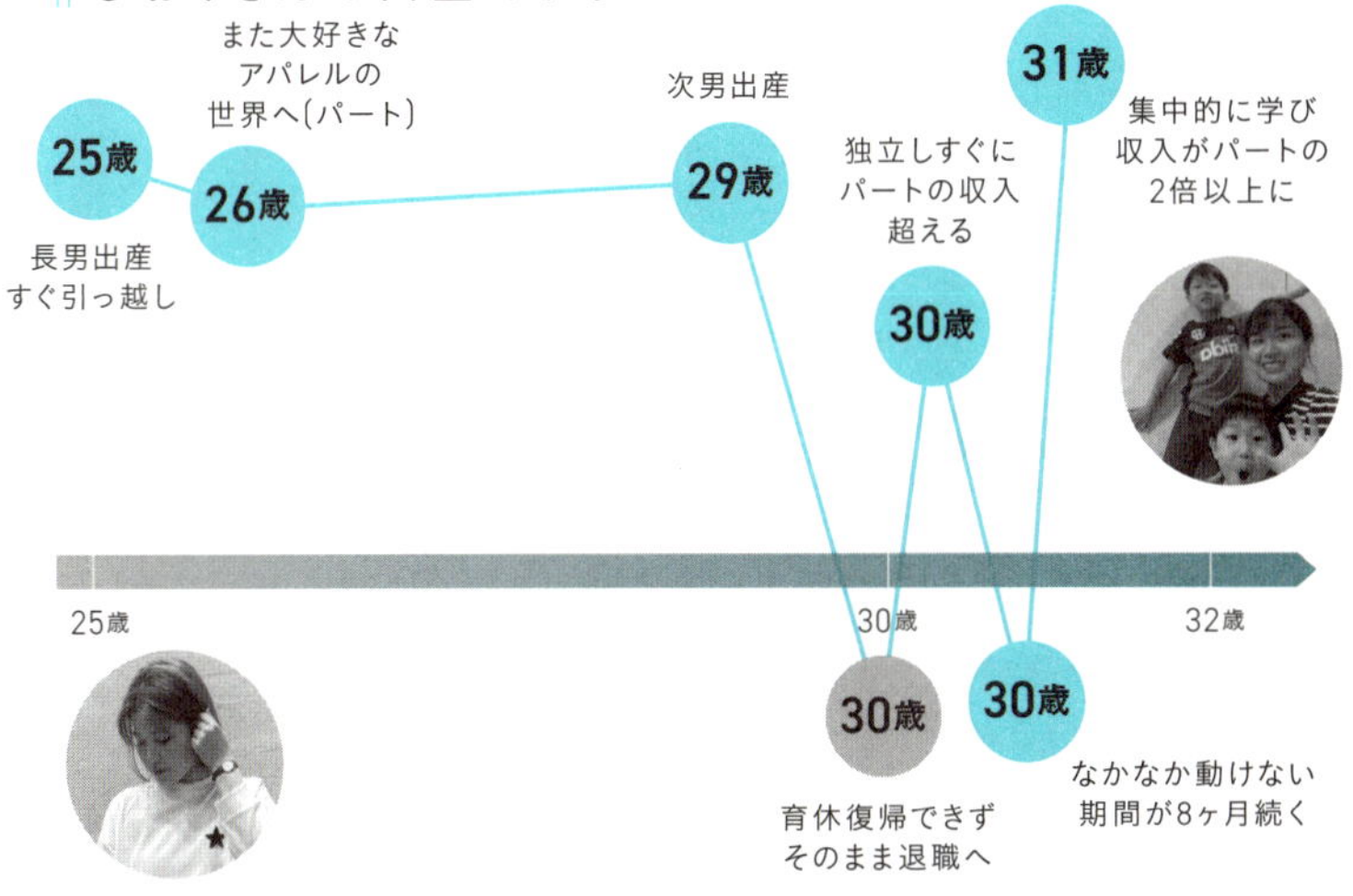

ちに問い合わせを10件いただけるまでに成長。もっと頑張りたいという気持ちで、デザイン以外の仕事にも挑戦することにしました。現在の仕事は、トレーナー、キャリアコーチ、インスタの運用代行、Ｗｅｂデザイン、グラフィックのデザインなど。開業届を出したころと比較すると、できることがどんどん増えたと感じています。

子どもたちは、年長児と年少児でまだまだ手がかかる時期。在宅ワークは子ども中心のスケジュールで働くことができているので、日々喜びを感じています。

たとえば、上の子が「習い事をしたい」と言ったときも、私が習い事の時間までにしっかりと仕事を終わらせて付き添ってあげられます。子どもが保育園に行き渋っても「じゃあ、おうちで過ごそうか」と臨機応変に動けるところがいいですね。

今後の目標は、長崎でインスタに強い人といえば私というポジションになること。それから、子どもの誕生日に合わせて、自分の両親と妹の家族など親戚みんなで一緒に旅行に行けたらいいなと思っています。

しおりさんの一日（イメージ）

	スケジュール
4:30	・起床→作業
6:30	・子どもを起こす
8:15	・保育園へ送迎 ・家事、掃除
9:30	・仕事開始！　面談、クライアントの打ち合わせ、インサイトチェック、デザイン制作など
15:30	・お迎え
16:00	・息子の習い事付き添い
17:30	・帰宅
18:00	・子どもとお風呂
19:00	・夕食
21:30	・就寝

あなたへのメッセージ

在宅ワークをはじめたばかりのころは、家庭と仕事のバランスがとれずに苦労しましたが、今は「子ども優先」で働けていることがなによりもうれしいです。努力と行動量の先には素敵な未来が待っていると実感。諦めなければ絶対に理想は叶いますよ！

おわりに

本書を最後までお読みいただきありがとうございました。

私はこれまで主にＳＮＳを通じて発信活動を行い、スクールで多くの女性の働き方をサポートしてきました。しかし、まだまだ世の中には「在宅ワーク」という選択肢やその方法を知らずに毎日プライベートと仕事の両立に苦しんでいる方、キャリアを諦めてしまった方がいらっしゃいます。また、一度自己投資で失敗をしてしまい、立ち直るのに時間がかかる方もいらっしゃいます。

そのような方のご相談にのる度に私自身の発信力に力不足を感じています。もっと多くの方に在宅ワークの素晴らしさや正しい手順をお届けしたい、そう感じていたところ、これまでの集大成が１冊の本という形となり、さらに少しだけ女性の働き方の選択肢を広げるお手伝いができたことをうれしく思っています。

新しいチャレンジに不安はつきもので、自信を失うこともあるかもしれません。**しかし今は「まだ必要なタスクをしていないから、できていないだけ」であって、やればできると断言できます。**なぜなら私は本書で解説したタスクをすべて行っても、在宅ワークが実現できなかったという人を見たことがないからです。これまでサポートをさせていただいた方もはじめる年齢やバックグラウンドもさまざまです。

「おばあちゃんになるまでパートをしていると思っていた」
「絶対に無理だと思っていたけど、会社を辞める決断ができた」
「1年前はパソコンもできなかったけど今は完全在宅で仕事ができている」
「海外で仕事ができるなんて思っていなかった」
「働くことに反対していた夫が家事を手伝ってくれるようになった」
「子どもに将来ママみたいにお家で働きたいって言ってもらえた」
「念願だった親子留学を本当に実現できた」

理想を実現した女性からこのようなお声をいただく度に「今できていない」という

のは「未来もできない」ということではないと改めて実感しています。在宅ワークをするために必要なタスクは各章の最後にまとめておきましたので、ぜひ1つずつチェックをつけながら取り組んでみてください。

これまで私たちの母親の世代は家庭か仕事かのどちらかを選ばなくてはいけない時代を過ごしました。そして圧倒的に家庭を選ぶ女性が多かったと思います。

しかし、今、時代は大きく変化しています。家電が発達したため家事に費やす時間が大幅に削減できるようになりましたし、社会も多様な働き方を求めるようになっています。男性も家のことを積極的に行う共働き家庭も増えています。通勤せずに在宅や好きな場所で働くこともそれほど変わったスタイルだと思われなくなってきました。

仕事か家庭か、どちらかを選んだらどちらかを諦めるのではなく、どうか両方を選んでください。そして、すべての女性が「本当はこうしたい」と思っている理想の人生を実現させる権利があり、もっともっと欲張っていいのです。

私は今年で30歳を迎えましたが、これまで生きてきた時間や関わってくれた人すべてがこの本を作るために役立ったと感じています。

なにかに長けたことがなくて自分に自信が持てなかった学生時代も、働き方に悩んで典型的なキャリア迷子になっていた時期も、この経験があるからこそ何者でもなかった初心者の気持ちが痛いほどわかります。

そして、成人するまで育ててくれた両親、社会人としての生き方を考えるきっかけをくれた友人や職場の同僚、「女性の働き方をシームレスに」というリモラボのビジョンに共感し、一緒に理想を追い求めてくれている仕事仲間やロールモデルたち、私に関わってくださったすべての人がいたからこそ生まれた本です。

そして、ご紹介した理想の働き方を手に入れるロードマップは、私の30年間の人生だけでなく、5000名以上のさまざまなバックグラウンドを持った女性のデータを分析した結果、完成しました。

これからも、時代に合わせてアップデートをし続け、より多くの女性が理想の働き方を実現するサポートをしていく予定です。そして、後世に続く女性の働き方のロールモデルを輩出していこうと考えています。

ご紹介させていただいた20名のように必ず一人ひとりがそれぞれのストーリーを持っていて、それぞれが考える幸せがあります。その事例データが増えれば増えるほど、世の中の多くの女性にとって在宅ワークという選択肢を選ぶハードルが下がると確信しています。

この本をきっかけにさらに多くの女性が、人生の主人公としての自分を取り戻し、自分にあった幸せな人生ストーリーを歩んでいただけたら、なによりの励みになります。

――次はあなたがロールモデルとなる番です。

２０２４年12月吉日

小森 優

著者プロフィール

小森 優

女性のリモートワーク実践スクール『リモラボ』代表。2021年からサービス開始。およそ350名以上のフルリモートで働く女性フリーランスを束ねながら、企業・事業主のSNS運用や事業支援を5000件以上経験。オンラインスクールのメンバーは累積5000名以上(2024年10月時点)。著書に『にゃるほど! 作業が遅いで悩まなくなる仕事術図解100』(KADOKAWA)。

X @komorin_work
https://x.com/komorin_work

Instagram @komorin_work
https://www.instagram.com/komorin_work/

本文イラスト　KuroutaDesignStudio 眞榮里 夏美、まりな、平田かおり、野島奈美
イラストディレクション　野島奈美

カバーイラスト　どいせな
カバーデザイン　tobufune
本文デザイン　阿部早紀子
DTP　ニシ工芸
編集補助　今津朋子
編集　続木順平(KADOKAWA)
校正　燦光

私《わたし》たちは“通勤《つうきん》”を辞《や》めました
新時代《しんじだい》のキャリアの築《きず》き方《かた》と20人《にん》のリアルな経験談《けいけんだん》

2024年12月16日　初版発行

著者　小森 優《こもり ゆう》
発行者　山下 直久
発行　株式会社KADOKAWA
〒102-8177　東京都千代田区富士見2-13-3
電話　0570-002-301(ナビダイヤル)
印刷所　大日本印刷株式会社
製本所　大日本印刷株式会社

●お問い合わせ
https://www.kadokawa.co.jp/(「お問い合わせ」へお進みください)
※内容によっては、お答えできない場合があります。
※サポートは日本国内のみとさせていただきます。
※Japanese text only

定価はカバーに表示してあります。

ISBN978-4-04-607253-5 C0034